KB129063

통합교육을 위한

학생주도학습

통합교육 실제에 대한 교사 지도서

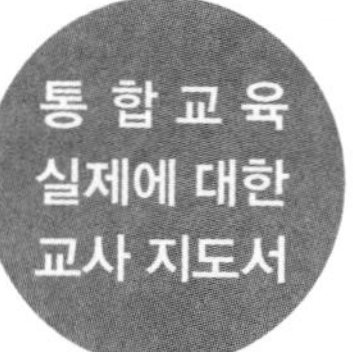

Martin Agran · Margaret E. King-Sears
Michael L. Wehmeyer · Susan R. Copeland 공저

최혜승 역

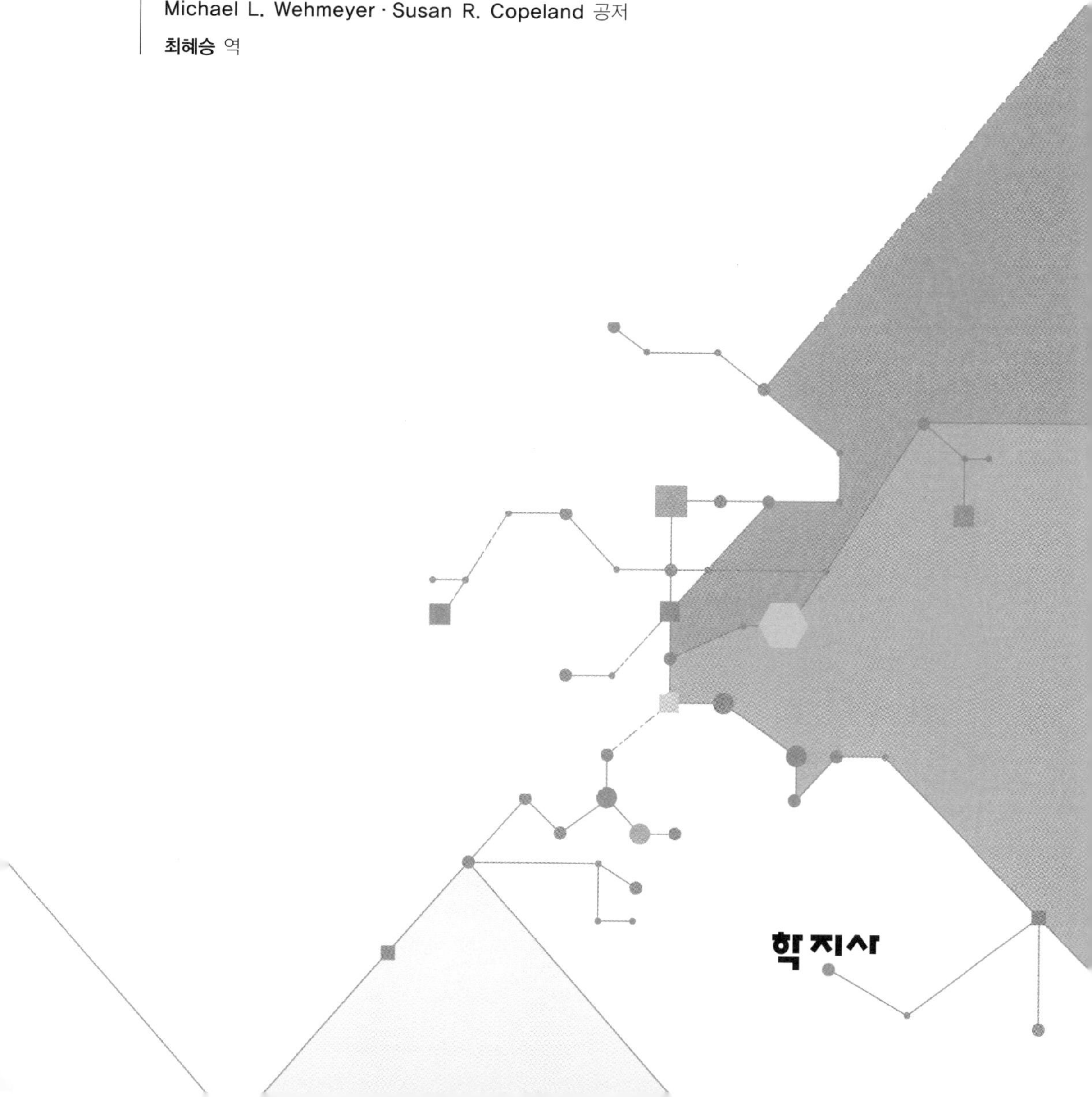

학지사

STUDENT-DIRECTED LEARNING

by Martin Agran, Ph.D., Margaret E. King-Sears, Ph.D., Michael L. Wehmeyer, Ph.D., and Susan R. Copeland, Ph.D.

This Korean edition was published by Hakjisa Publisher, Inc in 2013 by arrangement with Paul H. Brookes Publishing Co., Inc. through KCC (Korea Copyright Center Inc.), Seoul.

Originally published in the United States of America by Paul H. Brookes Publishing Co., Inc.

한국 교육에 있어서 가장 필요한 것이 학생에게 자기주도학습을 할 수 있는 능력을 길러 주는 것이다. 장애의 유무와 관계없이, 자기주도학습은 모든 학생이 습득하여야 할 기초적인 능력임에도 현재까지 한국 교육은 학생에게 자기주도학습을 포기하도록 강요하고 있는 것 같다. 한국 교육에 가장 필요한 자기주도학습에 대한 기본적인 개념과 구체적인 절차 및 실례를 쉽게 설명한 책을 번역할 수 있게 되어 기쁘게 생각한다. 이 책은 특수교사뿐만 아니라 일반교사도 쉽게 사용할 수 있는 구체적인 실례를 통하여 현장에서 쉽게 적용할 수 있는 내용을 포함하고 있다.

이 책은 전체 6개 장으로 구성되어 있다. 제1장은 통합교육 실제에 따른 학생주도학습 전략의 혜택에 대한 개관을 제시하였고, 다음의 제2장부터 제5장까지는 학생이 이 전략을 사용하도록 장려하기 위해 교사가 각각의 학생주도학습 전략을 가르치는 방법에 대하여 구체적으로 설명하였다. 마지막 제6장에서는 교사가 학생주도학습 전략을 각각 또는 결합하여 사용하면 장애학생의 통합과 일반교육과정 접근을 증진시킬 수 있는 근본적인 이유를 제시하였다.

이 책이 현장에서 노력하는 교사에게 조금이나마 도움이 되었으면 하는 바람이다. 교정을 도와주신 목홍숙, 박진영, 손지영, 신소영 선생님에게 감사를 드리며, 출간을 허락해 주신 학지사의 김진환 사장님과 관계자 여러분에게도 감사함을 전한다.

2013년 5월

최혜승

차 례

Chapter

chapter 1

학생주도학습 전략과 통합교육의 실제

❒ 학생 스냅숏

초등학교 3학년 뇌성마비 장애학생인 줄리오는 의사소통을 하거나 이동하는 데 어려움이 있다. 그러나 줄리오가 항상 명랑하기 때문에 또래 친구들이나 학교 직원들은 그를 매우 좋아한다. 또한 줄리오는 교실에서 책상이나 컴퓨터 책상을 양손으로 짚고 다니지만, 교실 밖으로 갈 때는 스쿠터를 사용한다. 수업시간에 활동을 할 때, 줄리오는 교사나 다른 학생의 도움이 항상 필요하다.

줄리오의 교사는 줄리오에게 맞게 교육내용을 수정할 뿐만 아니라 그 반에 있는 모든 학생에게 수업을 차별화하여 가르치려고 노력한다. 학생들은 주로 소그룹에서 프로젝트 중심 활동을 한다. 교사는 최선을 다하고 있지만, 줄리오에게 적절한 교육을 제공하기에는 시간과 지원이 턱없이 부족하다고 생각하고 있으며, 이 때문에 힘들어하고 있다.

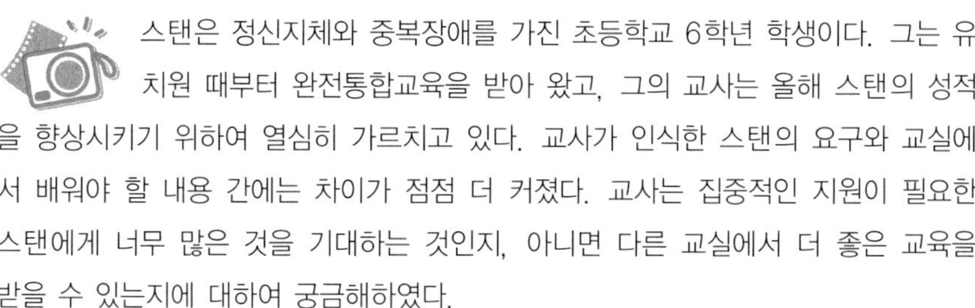

스탠은 정신지체와 중복장애를 가진 초등학교 6학년 학생이다. 그는 유치원 때부터 완전통합교육을 받아 왔고, 그의 교사는 올해 스탠의 성적을 향상시키기 위하여 열심히 가르치고 있다. 교사가 인식한 스탠의 요구와 교실에서 배워야 할 내용 간에는 차이가 점점 더 커졌다. 교사는 집중적인 지원이 필요한 스탠에게 너무 많은 것을 기대하는 것인지, 아니면 다른 교실에서 더 좋은 교육을 받을 수 있는지에 대하여 궁금해하였다.

중학교 2학년 학생인 제니퍼는 내년에 고등학교에 간다. 그녀는 간헐적 지원이 필요한 정신지체 장애학생이다. 그녀가 해야 할 대부분의 과제가 기능적인 접근을 필요로 함에도 그녀는 거의 핵심 교육과정과 관련된 활동을 한다. 그녀는 대개 특수교육 보조교사와 함께 있지만, 함께 공부할 친구도 많다. 제니퍼는 항상 열심히 공부하려고 하지만, 그녀의 교사는 제니퍼가 특수교육 보조교사와 또래들에게 너무 많이 의존한다고 걱정하고 있다. 제니퍼는 다른 사람의 촉구를 받아야만 과제를 한다.

토미카는 열심히 공부하는 고등학교 2학년 학생이다. 그녀는 초등학교 4학년 때 읽기장애 진단을 받았다. 토미카와 가족은 그녀가 학교생활을 하는 데 필요한 전략을 배우고, 학습장애와 관련된 장애물을 극복하도록 하기 위해 몇 년 동안 열심히 노력하였다. 내년에 그녀는 자신이 갈 대학을 조사하고, 대학교를 방문할 것이다. 그녀는 자신이 잘하는 과목 중 하나인 생물학을 전공하고 싶어 한다. 학습장애 학생으로 대학에 다니고 있는 2년 선배와 대화를 한 결과, 토미카는 대학 생활을 잘하려면 자기옹호 기술이 필요하다는 것을 알았다.

학생 스냅숏에 설명된 줄리오, 스탠, 제니퍼, 토미카의 상황은 학교에서 통합교육을 실시할 때 발생하는 일반적인 장애물, 교사에게 시간과 자원이 부족할 때 발생하는 문제, 그리고 학생이 그 학급에서 학년 수준 학습을 할 수 있는 능력(또는 능력의 부족)을 의미한다. 특별히 더 집중적인 지원이 필요한 학생을 일반학급에 통합시키기 위한 노력을 계속하기 위하여, 교사는 다양한 교육과정 및 교실 수정, 교수전략 및 교육지원을 수행하는 것이 중요하다. 대부분의 경우에 통합을 촉진하기 위한 교수전략에 대한 토론은 교사가 수행하는 활동에 초점을 맞추고 있다. 그러나 교사들 사이에서 교사주도 또는 교사개입 활동만으로 장애학생을 통합환경에서 공부할 수 있도록 하기에는 불충분하다는 인식이 높아지고 있다. '통합교육 실제에 대한 교사 지도서' 시리즈 중 하나인 『통합교육을 위한 학생주도학습』은 학생주도학습 전략이라고 불리는 일련의 교수방법에 대하여 설명하고 있다. 이러한 교수방법은 통합환경에서 학생의 학습을 촉진하는 효과적인 교수전략과 학생의 적극적인 학습 참여를 촉진 및 향상시키는 방법을 결합한 것이다.

이 장에 설명된 구체적인 전략은 선행단서 조절과 그림단서, 자기교수, 자기점검, 자기평가 및 자기강화를 포함하고 있다. 이러한 전략은 많은 전문가가 오랫동안 장애학생에게 적용하여 연구해 왔기 때문에(Agran, 1997) 전혀 새로운 전략이 아니다. 그러나 이러한 전략이 이전에 사용되었던 전략과 다른 점은 장애학생의 통합을 촉진하고 학생의 자기결정력을 향상시키기 위해 사용되었다는 것이다.

〈글상자 1-1〉에 정의된 것과 같이, 학생주도학습 전략은 교수전략이다. 그러나 이러한 전략이 실행되면, 학생이 자신의 학습 및 학습과정을 적극적으로 통제하고 책임지도록 하여, 결과적으로 그 학생의 통합을 지원하고 자기결정력을 증진시킨다. 이러한 목적들은 특정한 학생주도학습 전략(〈글상자 1-2〉 참조)을 간단히 소개한 후 논의된다.

글상자 1-1

교사 · 학생 · 또래 · 공학 개입 교수전략의 정의

교수(instruction)란 지식 또는 기술의 습득을 촉진하거나 발달을 지원하기 위하여 계획된 학생과의 모든 상호작용을 의미한다. *Merriam-Webster's Collegiate* 사전에서는 교수를 교수활동으로 정의하였다. 교수전략이란 교수활동을 하기 위하여 교사가 사용하는 도구다. 전략은 목표를 성취하기 위하여 사용되는 계획 또는 방법이다. 따라서 교수전략은 지식 또는 기술의 습득을 촉진하고 발달을 지원하기 위하여 교사가 사용하는 계획 또는 방법이다. 교수의 네 가지 중요한 방법은 다음과 같다.

- 교사개입 교수전략: 교사가 내용을 전달하거나 계획한 상호작용을 통제하도록 설계된 교수전략
- 학생개입 교수전략: 학생이 내용을 전달하거나 계획한 상호작용을 통제하도록 설계된 교수전략
- 또래개입 교수전략: 학생의 또래 또는 또래들이 내용을 전달하거나 계획한 상호작용을 통제하도록 설계된 교수전략
- 공학개입 교수전략: 공학이 내용을 전달하거나 계획한 상호작용을 통제하도록 설계된 교수전략

글상자 1-2

학생주도학습 전략의 정의

학생주도학습 전략은 교수과정에 더 적극적인 역할을 하기 위하여 학생이 배우고 사용할 수 있는 전략이다. 일반적으로 우리는 학생주도란 다른 사람이 자신을 위해 하던 과제(예, 목표에 대한 진전도 그래프 그리기) 또는 활동(예, 과제를 완수하도록 언어촉구 제공)을 학생이 스스로 한다는 것을 의미한다고 생각한다. 이것이 일반적인 의미라고 생각하지만, 이 정의는 학생주도학습에 대한 의미를 제한하고 있다. 더 집중적인 지원을 필요로 하는 많은 학생은 학생주도학습 전략을 완전히 또는 스스로 수행할 수 없을 것이다. 다른 교수 영역과 마찬가지로, 교사가 학생을 부분 참여의 과정을 통해 포함시키는 것이 중요하다. 학생이 교수를 완전히 자기주도 할 수 없다는 것이 학생이 학습과정을 '주도' 할 수 없다는 것을 의미하는 것은 아니다. 학생주도가 함축하고 있는 의미는 학생이 스스로 또는 최소한의 도움을 받아서 할 수 있는 과제의 모든 면을 파악하고, 학생이 스스로 행동을 수행할 수 없을 때조차도 학생의 선호도와 학생이 제공한 정보에 근거하여 활동을 수행하여야 한다는 것이다.

학생주도학습 전략

학생주도학습 전략은 학생에게 자신의 행동을 수정 및 규제하게 하는 실제다(Agran, 1997). 최근에는 교사개입 및 교사주도 교수보다 학생주도 교수가 더 강조되고 있다. 학생주도학습 전략의 목적은 교수과정에서 학생에게 어떻게 적극적인 참여자가 되는지에 대하여 가르치는 것이다. 교육 및 직업재활 연구는 학생주도학습 전략이 교사주도학습 전략보다 효과가 동일하거나 더 크고, 자기관리 전략은 학생의 자립심과 생산성을 증가시키는 데 효과적이라는 것을 보여 주었다.

학생—더 집중적인 지원이 필요한 학생을 포함하여—에게 자신의 행동을 관리하도록 가르치는 데 여러 가지 자기관리 전략이 사용되어 왔다. 앞에서 언급한 것과 같이, 가장 자주 사용되는 전략은 선행단서 조절과 그림단서, 자기교수, 자기점검, 자기평가 및 자기강화다. 여기에서는 이러한 개념을 간단하게 소개하고, 다음 장에서 학생에게 이러한 학습전략을 가르치는 구체적이고 단계적인 교수에 대하여 설명할 것이다.

선행단서 조절과 그림단서

선행단서 조절과 그림단서는 학생이 자신의 행동을 설명하기 위하여 사용하는 시각 또는 청각단서를 포함한다. 시각단서는 일반적으로 학생이 일련의 과제로 구성된 활동을 하도록 도와주는 사진, 삽화 또는 선화를 포함한다. 청각단서는 과제를 수행할 때 학생이 들을 수 있도록 미리 녹음된 지시 또는 교수를 포함한다. 스마트폰과 같은 새로운 기술은 학습자에게 시각 또는 청각단서를 제공하는 강력한 수단이다. 선행단서 조절과 그림단서 전략은 지적장애인에게 길고 복잡한 학습과제 순서를 가르치고(Bambara & Cole, 1997; Wacker & Berg, 1993), 과제수행 행동과 개별학습 능력을 촉진시키는 데 사용되어 왔다(MacDuff, Krantz, & McClannahan, 1993; Mithaug, Martin, Agran, & Rusch, 1988). 이러한 전략은 2장에서 자세하게 설명한다.

자기교수

자기교수란 학생에게 표적행동을 하기 전에 자기 자신에게 구어로 단서를 제공하도록 가르치는 것이다. 또한 자기교수는 학생이 자기 자신에게 구어로 정보(정보는 성인에 의해 제공될 수도 있고 제공되지 않을 수도 있다)를 충분히 제공하여 그에 따라 행동하도록 하는 것이다. 지적장애인은 자기교수를 사용하여 일과 관련된 다양한 문제를 해결하고(Agran & Moore, 1994; Hughes & Rusch, 1989), 여러 단계로 이루어진 복잡한 순서를 따라 하며(Agran,

Fodor-Davis, & Moore, 1986), 다양한 근무환경에서 바람직한 반응을 일반화하도록 배운다(Agran & Moore, 1994). Graham과 Harris(1989)는 자기교수 전략이 학습장애 학생의 작문기술을 향상시킨다는 것을 확인하였다. Agran, Salzberg와 Stowitschek(1987)는 작업 재료가 없거나 도움이 필요할 때 자기교수 전략을 배운 다섯 명의 지적장애인이 현장 주임에게 대화를 시도하는 비율이 더 높다고 하였다. 자기교수를 소개하고 가르치는 방법에 대한 자세한 내용은 3장에서 설명한다.

자기점검

자기점검이란 학생 스스로 표적행동 수행 여부와 그 행동이 설정한 기준에 일치하는지 여부를 관찰하도록 가르치는 것이다. 연구문헌에 발표된 논문의 예로는 「자기점검이 한 과제로부터 다른 과제로의 전이를 촉진하는 데 미치는 영향」(Sowers, Verdi, Bourbeau, & Sheehan, 1985)과 「얼마나 자주 과제를 완수하는지에 대한 평가」(Mace, Shapiro, West, Campbell, & Altman, 1986)가 있다.

자기점검과 자기점검에 사용된 자기기록 절차는 장애학생의 동기(motivation)와 수행능력을 향상시킨다는 연구가 발표되었다. McCarl, Svobodny와 Beare(1991)는 세 명의 지적장애 학생에게 학급과제 수행 여부에 대하여 기록하도록 가르친 결과, 모든 학생이 과제수행 행동이 향상되었고 그중 두 명은 과제성취도까지 향상되었다고 보고하였다. Kapadia와 Fantuzzo(1988)는 자기점검 절차가 발달장애와 행동 문제가 있는 학생의 학업과제에 대한 주의력을 향상시켰다고 밝혔다. Lovett와 Haring(1989)은 자기기록 활동이 지적장애 성인의 일상생활 활동에 대한 과제성취도를 향상시켰다고 보고하였다. Chiron과 Gerken(1983)은 학교 읽기활동에 대한 진전도를 도표에 기록한 지적장애 학생의 읽기 수준이 매우 증가하였다는 것을 보여 주었다. 학생에게 자신의 행동을 점검하도록 가르치는 방법은 4장에서 설명한다.

자기평가

자기평가는 학생에게 (자기점검을 할 때 기록한 것과 같이) 자신의 수행을 바람직한 목표 또는 결과와 비교하도록 가르치는 것이다. Schunk(1981)는 공부한 내용과 학습 습관을 평가하는 것과 관련된 인지전략을 말로 할 수 있는 학생의 수학성취도 점수가 향상되었다는 것을 보여 주었다. Koegel, Koegel, Hurley와 Frea(1992)는 자신의 행동을 관리 및 평가하도록 배운 네 명의 자폐장애 학생의 경우, 사회적 반응이 증가한 동시에 방해행동은 감소하였다고 보고하였다.

자기강화

자기강화는 학생에게 보상과 결과를 스스로 수행하도록 가르치는 것을 포함한다(예, 학생이 스스로에게 "나는 잘했다." 라고 말할 수 있다). 자기강화는 학생이 자신에게 즉시 사용할 수 있는 강화물을 제공하는 것이다. 자신이 스스로 강화할 수 있다면, 행동 변화를 매우 촉진시킬 수 있을 것이다. Lagomarcino와 Rusch(1989)는 자기강화와 자기점검 절차를 함께 사용하여 지역사회 환경에서 정신지체 학생의 작업수행 능력을 향상시켰다. Moore, Agran과 Fodor-Davis(1989)는 정신지체인에게 자기주도 활동(자기교수, 목표설정 및 자기강화)을 가르쳐 그들의 노동생산성을 향상시켰다. 자기평가와 자기강화 전략은 5장에서 설명한다.

학생주도학습의 장점

학생주도학습의 장점은 매우 많다. 학생주도학습 전략은 기술 개발과 학습 배양, 통합 실제 촉진, 자기결정력 향상, 학생참여 지원, 일반화 촉진 등

글상자 1-3

학생주도학습 전략과 기술 습득에 대한 연구 결과

Hughes, Korinek과 Gorman(1991)은 정신지체 학생을 위한 자기관리에 대한 문헌을 재조사하였다. 그들은 1970년부터 1989년까지 정신지체 학생(9~19세)에게 자기관리 전략을 적용한 연구 논문 19편을 분석하였다. 그들은 자기관리 훈련이 다음과 같은 효과를 보였다고 결론 내렸다.

- 학업 및 행동 기술의 향상
- 학습의 일반화 및 유지의 증가
- 자립, 동기 및 자기결정력의 증가
- 외부적인 감독의 필요성 감소

Harchik, Sherman과 Sheldon(1992)은 자기관리 프로그램이 (연령 범위, 지원 요구의 수준, 그리고 내용 영역에 걸쳐) 발달장애인에게 미치는 영향을 연구한 59편의 논문을 분석하여, 59편 가운데 55편의 연구가 긍정적인 결과를 제시하였다고 밝혔다.

에 효과적이다. 장애학생을 일반교육과정에 접근하도록 촉진하는 것과 같은 부가적인 장점은 6장에서 설명한다. 〈글상자 1-3〉은 자기주도학습이 정신지체 학생 및 발달장애 학생에게 미친 혜택에 대한 연구 결과를 자세하게 설명하고 있다.

기술 개발과 학습 배양

연구들은 교사가 장애학생에게 자기주도학습 전략을 가르칠 때, 그 학생이 중요한 기술과 지식을 잘 배운다는 것을 보여 주었다(Agran, 1997; Wehmeyer & Sands, 1998). 그러한 영향은 매우 광범위한 장애학생과 전체 학업 및 기능적 교육과정 영역에 걸쳐 나타났다. 이러한 것이 사례가 되는 이유들 중 하나는 학생주도학습 전략의 사용이 학생에게 학습과정과 자신의 행동을 더 인식하도록 하기 때문이다(Frith & Armstrong, 1986).

통합교육 실제 촉진

학생에게 자기주도학습을 하도록 가르치는 것이 통합교육 실제에 다음과 같은 기여를 할 수 있다. 가장 흔히 언급되는 통합교육의 방해요인 중 하나는 교사가 학생을 지원할 시간이 부족하다는 것이다. 학생이 자기주도학습을 하도록 가르치면, 교사가 개별 학생을 가르치는 시간이 감소한다는 점에서 이러한 문제에 대한 확실한 해결책이 될 수 있다. 또래개입 및 공학개입 교수와 같은 다른 교수 형식과 함께 사용한다면, 학생주도학습 전략은 교사개입 또는 교사주도 교수에 사용되는 시간을 감소시킬 수 있다. 그러나 더 집중적인 지원이 필요한 학생은 비장애학생보다 교사의 시간을 더 많이 필요로 한다. 학생주도학습 전략 그 자체는 교사가 장애학생을 지원하는 시간을 조금밖에 감소시키지 못하지만, 잠재적인 혜택은 장애학생에 대한 교사의 기대와 학생의 인식이 향상된다는 것이다. 교사는 적극적으로 참여하고 자신의 학습에 책임을 지는 학생에게 더 많은 기대를 한다.

게다가, 모든 학생이 학생주도학습 전략을 배우면 혜택을 받는다는 사실을 고려하는 것이 중요하다. 그러한 활동은 학생의 자주성과 자립심을 높이는 데 초석이 된다. 학생주도학습 전략은 장애학생에게 더 자립할 수 있는 방법을 제공할 뿐만 아니라, 통합교육 환경에서 교수를 위한 공통적인 교육과정 영역을 제공한다.

자기결정력 향상

선택하기, 모험하기, 결과에 승복하기, 자신의 행동에 책임의식 갖기는 사회에서 매우 가치 있는 행동이다. 사실상, 성인으로서 인간의 지위는 주로 자신의 삶을 통제하고 책임지는 정도와 관련되어 있다. 학생에게 자기주도 학습을 할 수 있는 능력을 갖게 하는 것은 학생의 능동적인 자기결정력을 향상시킬 뿐만 아니라, 목표설정 또는 문제해결과 같은 자기결정 기술도 배울 수 있게 한다(King-Sears & Carpenter, 1997; Wehmeyer, Palmer, Agran, Mithaug, & Martin, 2000). 왜 이러한 기술이 중요한가? 연구는 자기결정력을 습득하고 졸업한 장애학생이 성인이 되어서 더 긍정적인 결과를 성취한다고 보고하였다(Wehmeyer & Palmer, 2002; Wehmeyer & Schwartz, 1997). 이러한 결과는 전환기에 있는 청소년(14~21세)에게 매우 중요하다. 1997년 개정 미국 장애인교육법(Individuals with Disabilities Education Act[IDEA]: PL 105-17)에 있는 전환 필요조건에서는 장애학생이 전환계획을 세우는 데 참여하여야 한다고 명시하였다. 자기관리 기술을 습득한 학생은 자신의 교육계획 및 의사결정에 자신의 참여를 향상시키고, 따라서 자신의 학습에 적극적으로 참여하도록 장려하였다(〈글상자 1-4〉 참조).

학생참여 지원

〈글상자 1-4〉에서 언급한 바와 같이, 1997년 개정 IDEA는 장애학생을 전환서비스를 논의하는 개별화교육프로그램(IEP) 회의에 참여시키도록 명시하였다. 이러한 규정은 1997년 IDEA에서의 '학생참여(student involvement)'란 단어를 말한다. 그러나 학생참여는 학생을 단순히 IEP 회의에 참여시키는 것이 아니라 그 이상의 의미를 내포하고 있다. 참여라는 단어는 밀접하게 관련되어 있고 서로 영향을 주고받는다는 것을 의미한다. 1997년 IDEA의 목적은 학생참여 노력이 학생을 자기 자신의 교육프로그램에 적극적으로 관여하게 하여, 그 프로그램과 영향을 주고받을 수 있게 하려는 것이다. 즉, 이것은 학생들을 교육프로그램을 개발하는 데 단지 참여시키라는 것을 의미하는 것이 아니다. 학생참여의 핵심은 학생이 자신의 전체 교육프로그램을 책임지는

글상자 1-4

1997년 개정 IDEA에 있는 학생참여에 대한 정보

1997년 개정 미국 장애인교육법(IDEA: PL 105-17)은 14세부터 학생의 개별화교육프로그램(IEP)에 전환서비스 요구에 대한 진술을 포함시키도록 규정하고 있다. 1997년 개정 IDEA는 전환서비스를 학교활동으로부터 졸업 후 활동으로 전이를 촉진하기 위하여 학생을 위한 결과중심 과정으로 고안된 일련의 통합활동으로 정의하고 있다. 졸업 후 활동은 중등과정 후의 교육, 직업훈련, 통합고용(지원고용을 포함), 성인교육, 성인서비스, 독립생활, 또는 지역사회 참여를 포함하고 있다. 가장 중요한 것은 1997년 개정 IDEA 역시 전환계획에 학생을 참여시키도록 요구하였을 뿐 아니라 필요한 전환서비스는 학생의 선호도와 흥미에 근거하여야만 한다고 명시하였다. 1997년 개정 IDEA는 '적절하다면' 교육계획 회의에 학생을 참여시키라는 법적 용어를 명시하였음에도, 전환계획에 학생을 포함시키라는 규정은 매우 명확하다. 그 규정은 회의의 목적 중 하나가 전환서비스를 고려하는 것이라면 학교는 그 학생을 초대하여야만 한다고 요구한다.

능동적인 파트너가 되도록 하는 것이다. 학생주도학습 전략을 촉진시키는 것이 그러한 노력에 기여할 것이다.

교육 및 심리학 분야의 연구 결과는 적극적인 학생참여가 고용 및 지역사회 통합과 같은 교육성과 및 졸업 후 결과(adult outcomes)를 향상시키는 방법이라고 밝혔다(Mithaug, Mithaug, Agran, Martin, & Wehmeyer, 2003). 학생참여는 연령에 관계없이 모든 학생에게 효과적인 교수전략이다. 교육과정에 참여한 학생이 참여하지 않은 또래보다 수행을 더 잘한다는 증거가 점점 증가하고 있다. 이러한 사실을 입증할 수 있는 증거는 학생의 동기에 대한 연구문헌에 근거하고 있다. 연구 결과에 따르면, 학교활동을 선택할 기회를 가진 학생의 동기가 향상되었다고 하였다. Kohn이 다음에 제시한 바와 같이, 이것은 지극히 당연한 사실이다.

> 학생의 태도와 행동에 대해 걱정하는 대부분의 내용은 학생이 그 날 자신에게 일어난 일에 대해 거의 말하지 않기 때문이다. 그들은 다른 사람의 규칙을 준수하고, 다른 사람의 교육과정을 공부하며, 계속해서 다른 사람의 평가를 제출하도록 강요받고 있다. 정말 불가사의한 것은 많은 학생이 학교에서 해야만 하는 것에 관심이 없는 것이 아니라, 관심이 많다는 것이다(1993, p. 10).

일반화 촉진

학생에게 자기주도학습을 가르치는 실제는 학생이 학습한 내용을 다른 환경에 적용함으로써 일반화를 촉진한다는 장점이 있다. Agran(1997)은 다양한 방법을 통해 일반화가 이루어진다고 하였다. 일반적으로 학생은 자기주도학습 전략을 다양한 과제 및 내용 영역에 활용함으로써 이러한 전략을 다양한 실례에 적용하게 된다. 그 결과, 일반화를 촉진한다. 그러나 그 자극이 다른 사람(예, 교사)인 경우에는 학생에게 그 행동을 촉구 또는 유발하는 외적 자극이 여러 환경에서 제시될 수 없다. 학생이 스스로 단서를 제공하거나 촉구할 때, 일반화가 더 잘 이루어진다.

개 관

다음 장들에서는 학생주도학습 전략을 실행하는 구체적인 정보를 단계적으로 자세하게 설명하고 있다. 2장에서는 장애학생이 바람직한 행동을 시작하도록 부가적인 단서를 제공하는 선행단서 조절과 그림단서 절차의 사용에 대한 개요를 설명하였다. 3장에서는 학생이 말로 자신의 행동을 지시하게 하는 자기교수 기술의 기본적인 단계를 설명하였다. 4장에서는 학생이 바람직한 목표와 결과에 대한 진전도를 기록하도록 자기점검의 사용에 대하여 논의하였다. 5장에서는 자기평가와 자기강화 전략을 검토하였다. 6장에서는 앞에서 설명한 전략을 간단히 요약하고, 그 전략이 어떻게 학습을 촉진하는지, 언제 그리고 어떻게 전략을 결합하는지, 일반교육과정에 대한 접근을 촉진하는 데 이러한 전략의 역할을 파악하였다.

chapter 2

선행단서 조절과 그림단서

❐ **학생 스냅숏**

테레사는 학습장애와 주의력결핍 과잉행동장애를 가진 5학년 학생이다. 담임교사 가르시아는 테레사에게 적절한 과제수정을 포함한 지원을 한 결과, 올해 그녀의 학업수행 능력이 향상되었다. 그러나 가르시아는 테레사가 과제를 기한 내에 낸 적이 거의 없고, 과제를 내라고 계속해서 재촉해야만 과제를 제출한다는 사실을 깨달았다. 가르시아는 테레사가 내년에 중학생이 되면, 그녀가 기한 내에 과제를 제출하는 것이 매우 중요하다고 생각하였다. 가르시아는 테레사에게 과제를 제출하라고 재촉하지 않아도 그녀가 기한 내에 과제를 제출하도록 도와줄 수 있는 전략을 찾고 있다.

이 장은 선행단서 조절전략을 설명하고, 다양한 통합환경에서 장애학생이 중요한 행동을 시작하고 과제를 마치기 위하여 이 전략을 어떻게 사용하는지에 대한 실례를 제공한다. 다양한 학습지원 요구를 가진 학생이 사용할 수 있는 시각(그림, 사진) 및 청각 촉구체계의 예를 자세하게 설명하였다. 개별 학생의 독특한 요구(needs)와 주어진 활동의 요구(demands)에 맞는 전략을 선택하고 수정하여야 하지만, 다양한 과제와 통합환경에서 선행전략(antecedent strategies)을 선택하고 개발할 수 있는 일반적인 지침을 제공하였다.

선행단서 조절

선행단서 조절이란 학생이 바람직한 행동을 하도록 확실한 단서를 제공하는 행동을 말한다. 교사는 바람직한 행동을 증가시키거나 바람직하지 않은 행동을 감소시키기 위하여 주로 결과에 의존한다. 예를 들면, 담임교사 가르시아는 테레사가 숙제를 제출하면, 앞으로 숙제를 더 잘 내라고 그녀를 칭찬(정적 강화)한다. 그러나 선행단서 조절전략을 사용할 때에는, 교사가 행동이 발생한 후에 정적 또는 부적 결과를 제공하는 것이 아니라, (학생이 행동을 시작하도록 촉구하기 위하여) 행동이 발생하기 전에 단서를 제공한다. 가르시아가 선행단서를 제공하여 테레사의 과제 제출 횟수를 증가시키려고 한다면, 그는 숙제라고 적힌 작은 카드를 그녀의 책상 위에 놓아 둔다. 그다음, 가르시아는 테레사가 학교를 마치고 집에 가기 직전에, 그리고 다음 날 아침 교실에 들어오자마자 카드를 보도록 가르친다. 카드를 보는 것이 그녀가 숙제를 해서 다음 날 제출하도록 촉구하는 신호 역할을 한다.

선행단서의 유형

교사가 학생에게 행동을 시작하도록 촉구하기 위하여 제공하는 선행단서의 유형은 학생의 학습 요구와 강점에 따라 변한다. 어떤 학생은 시각단서에 가장 잘 반응한다. 예를 들면, 자폐장애 학생인 짐은 일련의 선화(line drawings)를 사용하여 방과 후 간식인 땅콩버터 샌드위치 만드는 단계를 기억한다. 중복장애 학생인 펠리시아는 사진 또는 선화를 이해하지는 못하지만, 사물단서(예, 촉각)에 반응한다. 그녀는 자신의 시간표 위에 붙어 있는 숟가락을 만지면, 다음 활동이 점심시간이라고 배웠다. 이 사물단서는 그녀가 자신의 사물함에 있는 도시락을 꺼내 친구들과 함께 식당에 가기 위해 줄을 서도록 촉구한다. 그러나 다른 학생은 청각단서에 가장 잘 반응한다. 예를 들면, 지적장애 학생인 라본다는 수행해야 할 과제를 녹음한 테이프를 들으면서 교무실에서 체험학습을 한다.

어떤 학생에게 선행단서 전략은 그 학생이 중요한 행동을 언제 시작해야 하는지 배우도록 도와주는 일시적인 도구에 불과하다. 학생이 어떤 활동을 마치는 데 필요한 단계의 순서와 언제 그 활동을 시작하는지를 알면, 그 학생은 과제를 시작하고 마치기 위하여 선행단서가 더 이상 필요하지 않다. 그러나 다른 학생은 표적행동을 성공적으로 수행하기 위하여 계속해서 선행단서가 필요하다. 그 학생은 표적행동을 수행할 때마다 자신의 촉구전략을 사용한다.

❐ 학생 스냅숏

특수교육 보조교사 잔나는 일반학급에서 집중적인 지원이 필요한 6학년 학생인 마르시를 지원하도록 배정받았다. 잔나는 마르시가 공부를 잘하도록 열심히 일하고 싶었다. 그래서 잔나는 일반교사가 준 모든 과제(과제 시작, 중요한 학급 일과 수행, 학업기술을 수행하는 데 필요한 일련의 행동 기억하기)를 마르시가 잘하도록 하기 위하여 너무 자주 언어촉구를 제공하였다. 잔나는 잘한다고 하였지만, 마르시가 스스로 시도하기 전에 단서를 주었기 때문에 실제로 마르시가 학급에서 해야만 하는 중요한 행동을 촉구하는 자연적인 단서를 알 수 있는 기회를 제한하는 결과를 초래하였다. 그 대신 잔나는 마르시가 무엇을 하려고 할 때마다 지시를 받기 위해 항상 그녀를 보도록 가르친 것이 되었다.

촉구전략의 혜택

마르시와 같은 학생은 익숙한 과제를 시작하는 데도 다른 사람의 촉구에 의존한다. 이러한 학생은 어떻게 과제를 수행하는지 알지만, 언제 수행해야 하는지 모르거나, 교사나 특수교육 보조교사의 촉구를 너무 자주 받아 왔기 때문에 익숙한 과제나 일상적인 활동조차도 스스로 할 수 없다. 이러한 학생은 성인에게서 정말로 필요한 것 이상의 지원을 받는다. 학생에게 새로운 기술을 가르칠 때, 성인은 자신이 주었던 도움을 서서히 줄여야 한다는 사실을 잊어버리거나, 학생이 스스로 연습할 수 있는 기회를 거의 주지 않는다. 그 결과, 어떤 학생은 과제를 스스로 하는 것이 아니라, 다른 사람(예, 교사, 특수교육 보조교사, 부모)이 자신에게 과제 또는 활동을 하라고 말할 때까지 기다린다.

촉구전략의 혜택 중 하나는 다른 사람에 대한 학생의 의존성을 감소시킨다는 사실이다. 학생은 다른 사람이 다음에 무엇을 하라고 말할 때까지 기다리기보다 촉구(예, 그림단서)를 인식하고 반응하도록 배운다.

촉구전략의 또 다른 혜택은 학생이 복잡한 과제 또는 일상적인 학급활동을 하는 데 필요한 모든 단계를 기억하도록 도와준다는 것이다. 어떤 학생은 두 자릿수 곱셈 문제를 푸는 단계나 학교 식당에서 점심 주문하는 순서를 기억하는 데 어려움이 있을 것이다. 그림촉구 사용과 같은 전략은 학생에게 복잡한 활동에 있는 각각의 요소를 완수하도록 단서를 제공하여, 결과적으로 학생이 다른 사람의 도움을 적게 받도록 한다. 이러한 사실은 학교에서 하루 종일 다양하고 복잡한 일상생활 및 활동을 해야 하는 통합교육 환경에서 특별히 유익한 혜택이다. 그림촉구는 교사의 관심을 받고 싶어 하는 학생이 많은 반을 담당하고 있는 교사에게 특별히 유익하다.

장애학생은 학급에서 배운 기술을 다른 환경 또는 다른 활동으로 일반화하는 데 어려움이 있다. 선행촉구 전략은 이러한 학생에게 도움이 될 것이다. 학생이 촉구체계를 어떻게 사용하는지를 배우면, 그 학생은 다른 환경 또는 다른 과제를 할 때 이 전략을 사용할 수 있을 것이다.

❒ **학생 스냅숏**

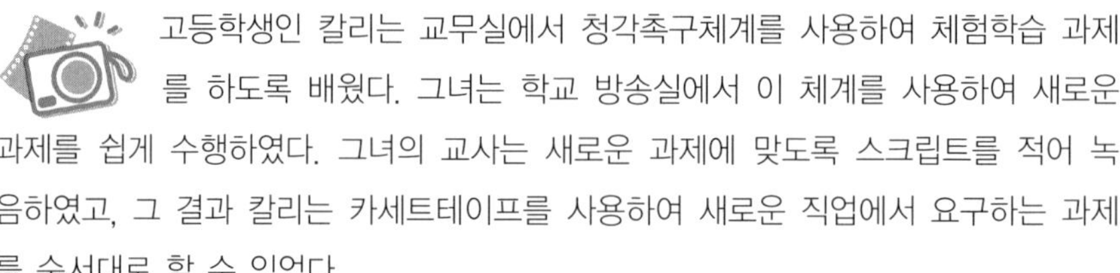

고등학생인 칼리는 교무실에서 청각촉구체계를 사용하여 체험학습 과제를 하도록 배웠다. 그녀는 학교 방송실에서 이 체계를 사용하여 새로운 과제를 쉽게 수행하였다. 그녀의 교사는 새로운 과제에 맞도록 스크립트를 적어 녹음하였고, 그 결과 칼리는 카세트테이프를 사용하여 새로운 직업에서 요구하는 과제를 순서대로 할 수 있었다.

행동의 순서를 기억하는 데 어려움이 있거나 '촉구에 의존하는' 학생에게 결과 전략은 비효과적이다. 이러한 학생은 자신이 언제 과제를 시작하는지를 인식하고, 관련된 모든 단계를 수행할 수 있도록 도와주는 전략이 필요하다.

그림단서 또는 촉구

가장 흔히 사용되는 유형의 선행단서 조절전략은 그림단서 또는 촉구다.

그림단서는 과제 순서에 있는 단계를 설명하는 사진, 그래픽 이미지, 또는 선화다. 학생은 그림단서를 사용하여 자기 자신이 과제 또는 활동의 각 요소를 수행하도록 촉구하거나 기억하게 한다.

그림단서의 혜택

오늘날 세계적으로 많은 사람이 그림단서 또는 다른 유형의 시각촉구를 사용한다. 컴퓨터 부품 또는 장난감을 조립하는 방법을 말해 주는 그림 설명서를 생각해 보라. 또한 많은 사람은 해야 할 일 목록(to-do-lists)을 작성하거나 그 날 해야 할 활동 및 과제를 기억하도록 시각단서를 제공하는 개인 일정표(planner)를 갖고 다닌다. 일반적으로 그림 또는 시각 단서가 광범위하게 사용되기 때문에, 학생이 이러한 개인 일정표를 사용한다고 통합환경에 있는 또래와 다르게 보이지 않는다. 예를 들면, 고등학교에 다니는 장애학생이 일련의 그림으로 작성된 일정표를 사용한다고 할지라도, 글로 작성된 일정

글상자 2-1

학교와 집에서 중요한 행동을 시작하는 데 사용되는 그림단서의 예

Irvine, Erickson, Singer와 Stahlberg(1992)는 네 명의 정신지체 고등학생이 교실과 집에서 그림단서(예, 그들이 수행할 개별 과제를 나타내는 선화)를 사용하여 과제를 시작하도록 가르쳤다. 연구자들은 관찰 및 교사와 가족과의 상담을 통해 그 학생이 주어진 과제를 할 능력은 있지만, 성인이 계속해서 촉구하지 않으면 과제를 하지 않는다는 사실을 알았다. 연구자들은 참여 학생에게 각 과제의 선화에 주목하게 하고, 그 과제를 수행한 다음, 설명된 행동을 나타내는 각각의 그림단서 옆에 표시하도록 가르쳤다. 그림단서 전략을 배운 모든 학생은 학교와 집에서 해야 할 과제를 스스로 하기 시작하였다. 즉, 참여 학생은 성인의 촉구를 받기 위해 기다리는 경우가 감소하였다.

표를 사용하는 친구와 다르게 보이지 않는다.

그림단서는 개인의 학습 요구와 강점에 맞게 쉽게 변경될 수 있기 때문에 다양한 환경에 적용될 수 있다. 실제로 장애학생은 그림단서와 다른 시각촉구를 사용하여 학교와 가정에서 자기건강 관리, 일상생활 기술, 학업기술, 직업관련 기술 그리고 사회적 기술을 포함하는 일련의 기술을 수행하도록 배우고 있다.

그림단서체계 계획하기

그림단서체계에 포함된 촉구의 수와 단서가 배열되는 방법은 과제의 특성과 학생의 요구에 따라 변한다. 하나의 과제는 몇 개의 그림을 순서대로 배열하면, 그 과제를 하는 데 필요한 모든 단계를 설명할 수 있다. 초등학교 1학년 담임교사인 프랭클린의 예를 생각해 보자. 그녀는 수학 개념을 가르치는 소프트웨어 프로그램을 학생들이 스스로 사용할 수 있도록 교실에 있는 컴퓨터 옆에 컴퓨터 켜기, CD-ROM 넣기, 마우스로 소프트웨어 프로그램 실

글상자 2-2

일반학급에서 장애학생과 비장애학생의 상호작용을 증가시킨 그림단서의 예

그림촉구는 학업뿐만 아니라 통합환경에서 사회적 행동을 하는 데 사용될 수 있다. Hughes와 동료들(2000)의 연구에 따르면, 체육시간과 같은 몇몇 환경에서 비장애 또래 파트너의 광범위한 지원을 필요로 하는 장애학생에게 비장애학생과 대화를 하도록 가르쳤다. 장애학생은 대화 주제를 나타내는 선화가 포함된 소책자를 갖고 다녔다. 또래 파트너는 장애학생에게 선화를 본 후 친구들에게 그 선화와 관련된 질문을 하도록 가르쳤다. 대화가 진행됨에 따라, 장애학생은 소책자의 책장을 넘겨 선화를 보고, 그 선화와 관련된 질문을 하였다.

행 아이콘 누르기 사진을 순서대로 붙여 놓았다. 프랭클린의 반 학생들은 그 사진을 보고 소프트웨어 프로그램을 열었고, 결과적으로 소프트웨어 프로그램을 사용하기 위하여 프랭클린에게 의존하는 시간이 줄어들었다.

그러나 더 복잡한 활동은 그 활동을 실행하기 위하여 순서적으로 수행해야만 하는 여러 단계를 설명하는 일련의 더 자세한 그림 또는 사진이 필요할 것이다. 고등학생인 마틴은 학교 식당에서 일한다. 마틴은 일하는 동안 자신이 해야 할 모든 과제를 수행하도록 상기시켜 주는 그림활동 시간표—소책자에 배열해 놓은 일련의 사진—를 사용한다. 각각의 그림은 그가 해야 할 과제 중 하나를 어떻게 수행하는지 보여 준다. 그는 이러한 그림이 자기 자신이 해야 할 일을 하도록 촉구한다는 것을 배웠다.

이러한 유형의 그림활동 시간표는 학생이 다양한 학교환경에서 과제를 시도하도록 도와주는 데도 유익하게 사용될 수 있다. 정해진 시간에 따라 해야 할 각각의 활동을 순서대로 나타내는 일련의 사진 또는 그림(학교 시간표)은 학생에게 다음 시간에 할 수업 활동을 예상하고 시작할 수 있도록 도와줄 수 있다. 이것은 한 활동을 마치고 다른 활동으로 전환하는 데 어려움이 있는 학생에게 특별히 유용한 전략이다. 이러한 학생에게 시간표 위에 있는 그림은 다음 시간이 무슨 수업인지 '알려 주는' 역할을 하여, 그 결과 학생의 걱정을 감소시켜 줄 뿐 아니라 학생이 성인의 도움을 적게 받고 다음 활동을 할 수 있도록 해 준다.

선행단서 조절체계 설계하기

그림단서체계는 개별 학생의 요구에 맞게 설계되어야 하지만, 다음에 설명하는 여섯 단계는 선행단서 조절체계를 개발하기 위한 일반적인 지침이다.

[1단계: 표적과제 또는 일과를 선택하기]

우선 학생이 그림촉구를 사용할 과제 또는 일과를 결정한다. 그림단서 체계는 새로운 과제를 할 때마다 교사가 과제를 하라고 지시할 때까지 기다리는 학생이나 과제를 하는 데 필요한 모든 단계를 기억하지 못하는 학생에게 사용하면 효과적이다. 항상 학생에게 자신이 해야 할 과제를 선택하라고 하는 것이 좋다. 자기 자신의 교육프로그램을 계획하는 데 적극적으로 참여한 학생은 새로운 기술을 배우는 데 더 의욕적이고, 그러한 의욕은 기술 습득을 촉진한다. 또한 학생에게 선택 및 결정의 기회를 주는 것도 그 학생이 자기결정력을 향상시키는 데 필요한 중요한 기술을 습득하도록 도와준다.

[2단계: 과제 또는 일과를 소단계로 나누기(과제 분석)]

과제를 마치기 위해 필수적으로 해야만 하는 과제 또는 일과를 소단계로 나누거나, 또는 표적한 일과를 구성하는 중요한 활동을 선택한다. 학생의 개인적인 학습 요구에 맞게 단계의 수를 조절해야 한다는 것을 기억하여야 한다. 어떤 학생은 과제 순서 안에 있는 모든 소단계 하나하나에 대한 시각단서가 필요하지만, 어떤 학생은 전체 과제를 시작하고 마치는 데 더 적은 수의 단계와 단서를 필요로 한다. 예를 들면, 6학년 학습장애 학생인 제이미는 사회 공책을 준비하는 데 세 개의 선화가 필요하지만, 같은 반에 있는 중증장애 학생인 사라는 열 개의 사진이 필요하다.

[3단계: 시각촉구의 유형을 선택하기]

학생의 학습 요구에 가장 적합한 유형의 그림 또는 시각 촉구를 결정하는 것이다. 학생이 가장 잘 이해할 수 있는 촉구를 선택하는 것이 중요하다. 시각적 상징을 이해하는 학생의 능력은 다양하기 때문에, 학생이 어떤 유형의 촉구를 가장 잘 이해하는지 파악하는 데 시간이 걸린다. 촉구의 유형은 컬러 사진 및 상업적으로 만들어진 선화부터 (교사, 학생, 또는 또래가) 손으로 그린 그림 및 인쇄한 단어까지 다양하다.

그림촉구를 만들기 위한 제안

디지털 카메라는 그림촉구체계를 설계하는 데 매우 편리하게 사용될 수 있다. 사진을 여러 장 찍어 한 과제의 각 단계를 가장 잘 표현하는 그림을 빨리 검토할 수 있다. 과제의 단계를 더 잘 표현하기 위하여 컴퓨터를 사용하여 사진을 확대하거나 잘라 내거나, 또는 색을 조절하여 사진을 수정하기 쉽다. 그림단서가 훼손되거나 분실될 경우에 쉽게 검색하여 사용할 수 있도록 디지털 사진을 컴퓨터 디스크에 저장할 수 있다.

폴라로이드 카메라는 (디지털 카메라보다 저렴할 뿐 아니라) 교사가 사진을 보고 그 사진이 그 단계를 정확하게 나타내는지 즉시 알 수 있도록 하기 때문에 편리하게 사용될 수 있다.

상업용 선화는 편리하게 사용할 수 있는 자원이다. 상업용 카탈로그에 있는 그림에서 적절한 촉구를 선택하여 사용할 수 있다.

그림을 직접 그려 그림단서로 사용할 수 있다. 어떤 학생은 자신이 배울 과제를 설명하는 그림을 그리기 좋아할 것이다. 학생이 배울 과제의 단계에 대한 그림을 스스로 그려서 만드는 것이 학생들로 하여금 자신의 교육과정에 즐기면서 참여할 수 있는 좋은 방법을 제공하는 것이다.

클립아트(clip art)는 시각촉구의 다른 자원이다. 실제로 수천 개의 이미지가 온라인에 있고, 대부분의 클립아트 이미지는 무료로 사용할 수 있다.

[4단계: 각 과제 단계에 대한 시각촉구를 개발하기]

학생의 요구에 가장 적절한 시각촉구의 유형을 결정하면, 과제의 개별 단계에 대한 시각단서를 개발한다. 각각의 단서를 개발할 때마다, 학생의 요구와 그 요구와 관련된 과제의 유형을 고려해야 한다. 예를 들면, 과제 또는 활동의 어떤 면을 그림단서에 포함시켜야 하는가? 학생이 활동의 각 단계를 수행하고 있는 모습을 찍은 사진은 많은 학생에게 효과적인 단서가 된다. 어떤 유형의 과제는 필요한 사물을 수집하기 위한 촉구로 작용할 수 있도록, 과제를 수행하는 데 사용되는 사물의 사진을 포함하여야 한다. 일견단어(sight-word) 어휘를 배우는 학생을 위하여 각각의 그림에 인쇄한 단어 또는 구를 붙여 사용할 수 있다. 학생이 그림촉구를 반복해서 사용하면, 학생은 각각의 시각단서 아래에 적혀 있는 단어를 인식하기 때문에 시각단서에 있는 그림을 점차 없애고 단어만 사용하여 질문할 수 있다. 각 시각단서에 번호를 매기면, 학생이 시각단서의 배열과 숫자상의 순서에 대한 이해를 높일 수 있다.

자주 강화를 받아야만 활동에 집중할 수 있는 학생이 있으면, 정적 강화를 의미하는 그림을 그림촉구 순서 안에 배치시켜 놓을 수 있다. 예를 들면, 어떤 학생은 웃는 얼굴 그림을 보면 말로 자기 자신을 강화하도록 배울 수 있다("나는 수학 숙제를 마쳤다. 나 참 잘했어!").

[5단계: 그림촉구를 진열하는 방법을 결정하기]

과제에 대한 그림촉구를 개발하고 순서를 정한 후, 촉구를 진열하는 방법을 결정한다. 체계를 휴대용으로 만들어 학생이 교내 여러 환경에서 사용할 수 있도록 하여야 한다. 이런 경우에 학생이 쉽게 갖고 다닐 수 있도록 그림단서 앨범, 학생 일정표(student planner), 또는 서류 폴더를 사용할 수 있다. 선택한 단서는 학생의 요구에 따라 한 페이지 당 한 개 또는 여러 개를 배열할 수 있다. 다른 방법은 여러 개의 그림단서가 있는 종이를 공책 또는 클립보드 위에 붙여서 사용할 수 있다(후안의 학생 스냅숏 참조). 그림을 복사하여 두꺼운 카드 위에 놓고 얇은 비닐로 코팅한 후, 링으로 제본하여 그림단서 소책자로 만들어 지갑, 주머니, 또는 가방에 넣어 다닐 수 있다. 만약 학생이 그림단서 소책자를 쉽게 넘길 수 없거나 휴대용 단서체계가 필요하지 않다면, 순서에 따라 그림단서를 나열한 판지를 학생이 자주 과제를 하는 장소에 있는 책상이나 벽에 부착하여 사용할 수도 있다. 그림단서와 판지를 얇은 비닐로 코팅하면 더 오래 사용할 수 있다. 또한 그림단서와 판지 뒷면에

글상자 2-3

컴퓨터 형식 안에서 만들어진 그림촉구체계의 예

여러 학년이 있는 초등학교 학급에서 일반교사와 팀티칭을 하고 있는 특수교사 스테파니는 자폐장애 학생인 앤의 그림촉구체계를 어떻게 만들었는지에 대하여 설명하였다. IEP 팀 구성원은 앤이 곧 중학생이 되면, 새로운 학교에서 수업을 들으러 교실을 찾아다니거나 모든 일과를 기억하는 데 어려움이 있을 것이라고 염려하였다. 스테파니는 앤이 새로운 환경에서 해야 할 일과를 기억하도록 그림촉구체계를 만들기로 하였다. 앤은 컴퓨터를 아주 잘 사용하고, 랩톱컴퓨터에 저장된 그림촉구를 보고 교실을 찾아가거나 학업과제를 하기 때문에, 스테파니는 그림촉구체계에 파워포인트 형식을 사용하기로 하였다. 또한 파워포인트 형식은 앤의 일일 시간표가 바뀌면 쉽게 변경 및 조정할 수 있다. 그림촉구의 각 '쪽' 은 앤이 그 수업에서 해야 할 중요한 사항들을 기억할 수 있도록 활동을 나타내는 시각촉구(클립아트)와 일련의 질문을 포함하고 있다. 스테파니는 앤과 함께 실제 파워포인트 프로그램을 개발하였고, 그 결과 앤은 개발 과정을 통해 주인의식을 가졌을 뿐 아니라 새로운 환경에서 그것을 사용하고 싶어 했다.

벨크로를 붙여 두면 학생이 각각의 단계를 한 후, 그 단계에 해당하는 그림단서를 판지에서 떼어 낼 수 있다. 진취적인 교사는 랩톱컴퓨터에 있는 파워포인트 프로그램을 사용하여 중학생을 위한 그림촉구체계를 개발할 수도 있다(〈글상자 2-3〉 참조).

❒ 학생 스냅숏

고등학교 2학년 정신지체 장애학생인 후안은 직업훈련 프로그램을 마치고 지역 은행에 있는 우편실에서 실습을 하고 있다. 후안이 하는 일은 복사하기, 대량으로 발송하는 광고물 접기, 우편물 배달 및 수집하기다. 직업코치인 캐럴에게 몇 주 동안 훈련을 받은 후, 후안은 자신이 해야 할 일을 스스로 할 수 있었다. 그 후부터 캐럴은 점차 실습 장소에 가지 않았다. 그러나 일주일

후, 현장 책임자인 애덤스가 캐럴에게 전화를 하여 후안이 자신의 일을 꾸준히 하지 않는다고 하였다. 실제로 애덤스가 후안이 일을 하지 않고 앉아 있는 것을 보았을 때마다 후안에게 가서 옆에 있는 복사물을 복사하라고 하면, 후안은 열심히 일하여 아무런 문제없이 그 일을 마쳤다. 그러나 15분 후에 애덤스가 다시 갔을 때, 후안은 우편물을 위층 사무실에 배달하지 않고 앉아 있었다. 애덤스는 실습 프로그램에 열의를 갖고 있었지만, 후안에게 몇 분마다 다음 과제를 하라고 말할 시간이 없었다.

캐럴은 이러한 문제에 대하여 고민하고 후안과 대화를 한 후, 후안이 성인의 지시에 너무 의존한다는 것을 알았다. 즉, 후안은 자신이 무슨 일을 어떻게 해야 하는지 알지만, 자기 자신이 스스로 하지 않고 다른 사람이 자신에게 그 일을 하라고 지시할 때까지 기다리고 있었다. 그녀는 그림촉구체계가 후안에게 자신이 해야 할 모든 일을 다 할 수 있도록 도와줄 것이라고 판단하였다.

캐럴은 이전에 후안과 일하였을 때, 후안이 숫자 20까지 알고 있고, 선화를 이해하며, 몇 가지 기본적인 단어를 읽을 수 있다는 것을 알고 있었다. 캐럴은 이러한 후안의 강점에 근거하여 처음부터 마지막까지 해야 할 일을 지시하는 일련의 그림촉구를 만들었다. 캐럴은 흰 종이 위에 숫자 1을 크게 적고, 그 옆에 복사기 선화를 그린 다음, 그 선화 아래에 '복사'라는 단어를 적었다. 그녀는 1번 아래에 2를 적고, 그 옆에 우편물 카트 선화를 그린 후(그 아래에 '우편'이라고 적고), 그 선화 옆에 상자를 그렸다. 그녀는 이런 식으로 그 종이 위에 후안이 해야 할 모든 일을 마칠 때까지 순서대로 선화를 그리고 그 아래에 그림을 그렸다. 그 후 그녀는 그 종이를 얇은 비닐로 싸서 회람판(clipboard) 위에 붙여 놓았다. 캐럴이 그림촉구를 전시하는 방법으로 회람판을 선택한 이유는 두 가지였다. 첫 번째 이유는 후안이 일하는 회사에서 많은 직원들이 회람판을 갖고 다녔고, 두 번째는 후안이 회사 건물을 다니면서 우편물을 배달할 때 회람판을 갖고 다녀야 자신의 일을 모두 마칠 수 있기 때문이었다. 그녀는 회람판에 마커 지우개를 붙였다. 캐럴은 후안에게 가서 그림촉구를 보여 주면서 설명을 한 후, 이것은 다른 사람이 자신에게 다음에 어떤 일을 하라고 말하지 않아도 스스로 일을 하도록 도와주는 작업 스케줄이라고 말하였다. 그다음, 그녀는 작업 스케줄을 어떻게 사용하는지 모델링하였다("숫자 1을 봐. 선화를 가리켜 봐. 그 과제를 해. 그리고 네가 그 과제를 마치면 네모 칸에 체크 표시를 해. 그다음에는 숫자 2를 보고, 선화를 가리켜 보고, 그 과제를 하고, 그리고 네가 그 과제를 마치면 네모 칸에 체크 표시를 해. 그다음에는 위에서 했던 것과 똑같이 따라 해"). 그다음 캐럴은 후안에게 항목을 보고, 그 항목이 의미하는 과제를 하고, 그 과제를 다 한 다음, 네모 칸에 마쳤다는 체크 표시를 하도록 촉구 및 피드백을 제공하면서 후안이 스스로 스케줄을 사용할 수 있도록 훈련시켰다. 캐럴은 며칠 동안 후안을 연습시킨 후, 후안이 혼자서 스케줄을 사용하도록 하였다. 캐럴은 후안이 일을 잘하고 있는지 알아보기 위해 애덤스에게 연락하였다. 애덤스는 캐럴에게 후안이 그림촉구 스케줄을 사용하여 스스로 자신의 일을 다 한다는 말을 듣고 기뻐하였다.

[6단계: 학생이 그림촉구를 사용하는 방법 결정하기]

그림촉구체계를 설계하는 마지막 단계는 학생이 그림촉구를 어떻게 사용하는지를 결정하는 것이다. 단계를 수행하기 전에 학생이 각각의 그림을 가볍게 누를 것인가, 아니면 그림단서가 의미하는 활동을 말할 것인가? 또는 학생이 그림촉구가 의미하는 과제를 마친 후에 각각의 그림에 체크 표시를 한다면, 학생이 더 잘할 수 있을 것인가? 다음은 학생이 그림촉구체계를 사용하기 위한 일반적인 전략을 제공한 것이다. 이 전략은 특별한 활동과 과제의 특성에 맞게 쉽게 수정될 수 있다.

그림촉구체계를 사용하기 위한 일반적인 전략

1. (만약 단서가 노트북 또는 앨범에 배열되어 있다면) 첫 번째 그림단서 페이지를 펴고, (만약 단서가 한 장의 종이 또는 마분지에 배열되어 있다면) 첫 번째 그림단서를 확인한다.

2. 그림단서가 의미하는 첫 번째 그림단서를 손가락으로 가리키거나, 한 단어 또는 짧은 구로 말한다(예, "버튼을 누르시오.").

3. 그림에 그려진 행동을 수행한다.

4. 첫 번째 그림단서에 체크 표시를 한다. 때때로 학생은 각 단계를 마친 후, 페이지를 넘기거나 다른 그림단서를 보기 전에 유성연필 또는 유성마커로 각 그림에 '체크 표시'를 한다. 얇은 비닐로 코팅된 그림촉구가 고정된 표면(예, 판지)에 붙어 있다면 학생은 행동을 하고 나서 그 행동을 의미하는 그림에 체크 표시를 하고, 만약 벨크로가 붙어 있다면 그 단서는 떼어서 통에 넣도록 배운다. 이렇게 추가된 단계는 학생이 그 활동의 이 부분을 마쳤고, 다음 단계를 할 시간이라는 것을 이해하도록 도와준다.

5. 페이지를 넘기거나 다음 그림을 본다.

6. 다음 그림을 손가락으로 가리키거나, 그림이 의미하는 내용을 말하거나 손짓을 한다. 전체 활동 또는 과제를 마칠 때까지 이 과정을 반복한다.

학생에게 그림촉구를 사용하도록 가르치기

학생이 그림촉구체계를 사용하는 특정한 방법(예, 그 단계를 습득하였다면 개별 그림단서에 체크 표시하기)과 관계없이, 다음의 일반적인 교수 절차는 학생이 시각단서를 사용하여 과제 또는 활동의 각 단계를 시작하고 수행하도록 가르치는 데 효과적이다.

[1단계: 선택한 그림단서를 이해하는 학생의 능력 평가]

학생이 그림촉구의 의미를 아는지 평가하여야 한다. 예를 들면, 학생은 공책과 연필 선화가 작문을 하는 데 필요한 도구를 챙기는 것을 의미하고, 연필로 공책에 글을 쓰고 있는 학생 선화는 작문을 하라는 의미라는 것을 알아야 한다. 만약 학생이 개별 그림단서의 의미를 모른다면, 학생에게 그림촉구체계를 사용하여 과제를 하도록 가르치기 전에 각각의 단서가 무엇을 의미하는지 가르쳐야 한다.

[2단계: 학생이 체계를 사용하여 표적과제를 시작하고 완수하는 방법 교수]

학생이 각각의 그림촉구가 의미하는 행동을 이해한다고 확신한다면, 교사는 학생이 어떻게 체계를 사용하여 표적과제를 시작하고 마치는지를 가르쳐야 한다. 학생에게 체계의 목적을 상기시키고 시작한다(예, 성인의 도움을 받지 않고서도 해야 할 과제를 완수할 수 있다). (특별히 학생이 목표를 선택하는 데 참여하였다면) 학생이 전략과 교육목표 사이의 관련성을 이해하였을 때, 전략을 배우는 데 흥미를 더 느낄지도 모른다.

[3단계: 활동 모델링]

첫 번째 그림을 손가락으로 가리키고(또는 그림이 의미하는 내용을 말하거나 수화를 하고), 그 그림이 의미하는 행동을 수행하며, 페이지를 넘기고(또는 그 그림에 체크 표시를 하고), 그다음 그림을 손가락으로 가리키는 등 모델링을 한다. 또는 또래가 촉구를 사용하여 그 활동을 할 수 있도록 모델링한다. 또래 모델링은 강력한 교수 도구가 될 수 있다.

[4단계: 학생 연습]

모델링한 것과 같이, 학생에게 촉구를 사용하여 연습하도록 요구한다. 학생이 실수를 한다면, 도와준다. 그러나 학생이 순서대로 정확하게 한다면, 학생을 칭찬하여야 한다.

[5단계: 학생 칭찬]

학생이 활동 또는 과제를 완수하면, 그림촉구를 사용하여 과제를 한 것에 대하여 학생을 칭찬한다.

[6단계: 피드백의 점진적 소거]

학생이 그림촉구를 정확하게 따라 할 수 있으면, 점진적으로 제공하던 피드백을 점차 감소시켜서 궁극적으로 학생 스스로 할 수 있도록 한다.

사물 또는 촉각 단서

시각장애 학생이나 그림 또는 사진의 의미를 이해하는 데 어려움이 있는 학생은 그림촉구체계에 있는 사진 또는 선화를 대신하는 실제 사물(촉각)단서가 필요하다. 선택한 사물을 활동하는 순서 또는 과제를 하는 단계에 따라 나열한다. 학생은 시각촉구를 보는 대신에 사물에 손을 댄다(43~44쪽 학생 스냅숏에 있는 브랜던의 예를 참고). 사물 시간표를 개발하고 학생에게 그것을 사용하도록 가르치는 과정은 학생이 관련 단서를 보는 대신에 만지도록 가르치는 것을 제외하고는 그림촉구를 개발하고 가르칠 때와 동일하다.

사물단서체계를 개발할 때, 체계에 사용되는 사물의 형태를 학생의 의사소통 및 인지 능력에 맞게 만드는 것이 중요하다. 사물단서체계를 만들 때 어떤 학생은 실제 활동에서 자신이 사용하는 사물(예, 칫솔은 양치질을 의미한다)을 사용하면 가장 잘 배우는 반면, 어떤 학생은 작은 사물(예, 공은 체육시간) 또는 사물 조각(예, 카펫은 모둠활동)을 사용하면 잘 배운다. 학생의 능력에 가장 적절한 유형의 사물 또는 촉각단서를 정하기 위해서는, 교사가 학생과 시간을 보내야만 학생이 어떤 유형의 단서를 가장 잘 이해하는지 또는 어떤 사물이 특정한 활동 또는 과제 단계를 가장 잘 대표하는지를 평가할 수 있다(〈글상자 2-4〉 참조).

글상자 2-4

교사가 학생이 잘 이해하는 유형의 단서 또는 활동이나 단계를 대표하는 사물을 평가하려면 시간이 필요하다는 예

초등학교 특수교사인 모니카 레인-아르티아가는 시각장애 학생 또는 시각단서를 이해하지 못하는 학생을 위해 사물단서 시간표를 만들었다. 그녀는 학생을 위해 사물단서 시간표를 만들려고 하는 교사에게 다음과 같은 조언을 하였다. 첫째, 가르치려고 하는 학생이 이해할 수 있는 시간표를 만드는 데 사용할 사물을 선택한다. 학생을 관찰한다. 즉, 학생이 다양한 활동과 연관시키는 사물이 무엇인지 관찰한다. 가족 구성원 또는 학생과 자주 일하는 사람에게 관찰한 내용을 물어보는 것이 활동을 대표하는 사물을 선택하는 데 도움이 된다. 둘째, 시간표를 탄력적으로 계획한다. 학교에서 활동 순서는 매일 변할 뿐 아니라 예상하지 못한 활동이 자주 발생한다. 시간표는 일과 또는 활동이 변하면, 그 변화를 반영하여 사물을 쉽게 다시 배열할 수 있도록 만들어야 한다. 마지막으로, 학생이 학교에서 시간표를 항상 사용할 수 있도록 기회를 제공하여야 한다. 학생이 학급활동을 예상하고 시작하는 데 시간표를 효과적으로 사용하기 위해서는 반복된 연습이 핵심 요소다.

❐ 학생 스냅숏

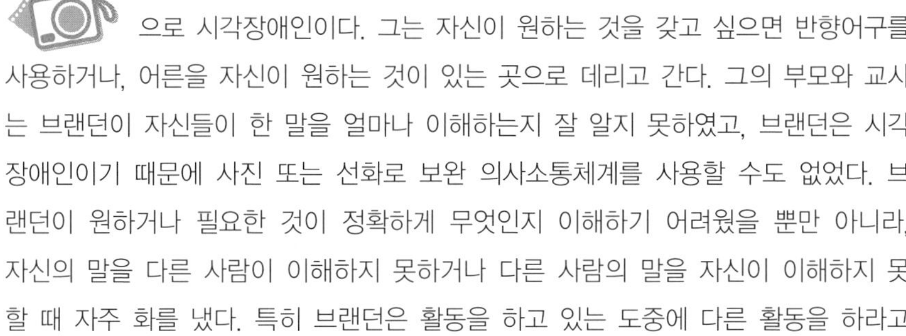

2학년 학생인 브랜던은 정신지체와 발작성 장애가 있다. 또한 그는 법적으로 시각장애인이다. 그는 자신이 원하는 것을 갖고 싶으면 반향어구를 사용하거나, 어른을 자신이 원하는 것이 있는 곳으로 데리고 간다. 그의 부모와 교사는 브랜던이 자신들이 한 말을 얼마나 이해하는지 잘 알지 못하였고, 브랜던은 시각장애인이기 때문에 사진 또는 선화로 보완 의사소통체계를 사용할 수도 없었다. 브랜던이 원하거나 필요한 것이 정확하게 무엇인지 이해하기 어려웠을 뿐만 아니라, 자신의 말을 다른 사람이 이해하지 못하거나 다른 사람의 말을 자신이 이해하지 못할 때 자주 화를 냈다. 특히 브랜던은 활동을 하고 있는 도중에 다른 활동을 하라고 지시하면 더 화를 잘 냈다. 그는 좌절하였을 때, 주위에 있는 또래 또는 성인을 때리고 물고 할퀴었다.

행동기능평가에 따르면, 브랜던이 다른 곳으로 가는 도중에 공격적인 행동을 하는 이유는 그가 다음에 무엇을 해야 하는지 모르기 때문이었다. 교사와 부모는 중요한 활동을 모두 나타내는 사물 시간표를 만들어 브랜던이 그 시간표를 보고 새로운 활동을 하러 가도록 하였다. 예를 들면, 소책자는 학교 도서관 방문하기, 공은 체육시간(선호하는 활동!), 작은 숟가락은 점심시간을 의미한다. 단단한 판지에 벨크로를 붙여서 각각의 사물단서를 브랜던의 책상 옆 벽에 걸어 놓았다.

처음에 교사 또는 학습 보조교사는 다른 장소에 가기 전에 브랜던에게 "시간표 볼 시간이다."라고 말하고, 그를 시간표가 있는 곳으로 데리고 간다. 시간표 앞에 가면, 교사는 브랜던이 다음 활동을 의미하는 사물을 선택하도록 도와주면서, "(활동 이름) 시간이다."라고 말한다. 브랜던은 사물단서를 들고 다음 활동을 하는 장소로 가서, 사물단서를 작은 상자에 넣고 나서 활동을 한다.

브랜던은 사물단서 시간표를 사용하자마자 다른 활동을 할 시간이 되어도 바람직하지 않은 행동(때리기, 꼬집기, 할퀴기)을 하지 않았다. 몇 주 후에는 교사가 "~시간이다."라고 말하면, 그는 스스로 사물단서 시간표로 가기 시작하였다.

반 친구들은 이러한 사실을 알고, 브랜던이 사물단서 시간표를 사용하여 다음 활동을 하도록 도와주었다. 브랜던은 각 활동의 이름을 말하였을 뿐만 아니라 새로운 어휘도 말하였다. 이제 브랜던은 "네 시간표를 검토할 시간이다."라는 말을 들으면, 자신의 시간표 앞에 가서 다음 사물을 선택하고, 활동의 이름을 말한 후, 활동을 할 장소로 간다. [그림 2-1]은 브랜던의 교사가 브랜던을 위해 개발한 사물단서 시간표다.

청각촉구

청각촉구체계는 교사 또는 보조교사가 과제 또는 활동을 가르치는 모든 단계를 순서대로 녹음하여야 한다. 일반적으로 학생은 카세트테이프에 헤드폰을 연결하여 지시를 듣고, 촉구를 받은 단계를 수행한다. 이러한 촉구체계는 교사 또는 학습 보조교사가 계속해서 촉구를 해야 과제를 하는 학생이 스스로 과제를 할 수 있도록 도와준다.

사물단서 전략	
학생: 브랜던	교실 또는 환경: 전체 학교 건물
일상적인 과제 또는 표적 활동: 수업 시간표: 도착, 작문, 체육 수업, 언어, 점심, 개인 관리기술, 휴식, 도서관, 수학, 정리	
소단계/일과에 포함된 활동	가능한 사진 또는 사물단서
1. 교실에 입실, 자기 이름이 적힌 고리에 가방 걸기	가방 걸기를 의미하는 플라스틱으로 만든 작은 고리
2. '작문'을 하기 위해 사물함에서 스티커 북을 갖고 와서 오늘 국어시간 주제에 대한 작문하기	작문활동을 의미하는 코팅된 큰 스티커
3. 체육 수업을 하기 위해 친구들과 줄 서기	체육 수업을 의미하는 작은 고무공
4. 또래와 함께 컴퓨터 프로그램을 사용하여 오늘 국어시간 주제에 대한 이야기 작성하기	컴퓨터 프로그램의 사용을 나타내는 컴퓨터 디스크
5. 친구들과 함께 점심식사 하러 가기	점심식사를 의미하는 작은 숟가락
6. (학습 보조교사와 함께) 양치질 하기	점심식사 후 양치질 하는 것을 의미하는 작은 칫솔
7. 친구들과 함께 쉬기	쉬는 시간을 의미하는 그네 체인 부분(그네 타기는 쉬는 시간에 좋아하는 활동이다)
8. 친구들과 함께 도서관 수업에 참여하기	책을 선택하고 이야기를 듣는 것을 의미하는 작은 책
9. 교실에서 기능적 수학기술을 공부하기	수학시간 동안 구체물을 의미하는 작은 블럭
10. 집에 가져갈 물건을 가방에 넣기, 학습 보조교사와 또래와 함께 버스로 걸어가기	집에 가는 시간을 의미하는 장난감 학교 버스
학생이 이해하는 단서 형태(사진, 선화, 사물, 작은 사물): 브랜던은 사진 또는 선화의 의미를 이해하지 못한다. 그는 작은 사물을 확인하고 특정한 사물을 특별한 활동과 연관시킬 수 있다.	

그림 2-1 브랜던을 위해 학교활동을 의미하는 사물단서체계 설계하기

청각촉구의 혜택

청각촉구체계는 통합환경에 있는 학생에게 몇 가지 이점이 있다. 첫째, 이 체계를 사용하는 학생은 또래와 동일하게 보인다. 나이와 상관없이 많은 학생이 카세트테이프로 음악 듣기를 좋아하기 때문에, 카세트테이프를 듣는 것이 학생을 더 '멋있게' 보이게 할 수 있다. 청각촉구체계를 사용할 줄 아는 학생은 새로운 환경에서 자신이 잘하는 과제를 수행하도록 도와줄 뿐 아니라, 훈련을 받지 않고도 새로운 과제를 더 빨리 수행할 수 있도록 도와준다. 그림촉구체계는 배운 과제를 유지하기 위하여 카드 또는 그림책을 들고 다녀야 하지만, 청각촉구체계는 그림촉구체계보다 관리하기가 더 쉽다. 학생이 칭찬을 받아야만 과제를 지속적으로 수행한다면, 교사나 보조교사는 이러한 학생을 위해 녹음할 때 칭찬을 포함시킬 수 있다. 이러한 칭찬은 교사나 보조교사가 근처에 없을 때에도 학생을 강화하는 것이다. 과제를 하기는 하지만 정확도가 낮은 학생을 위하여, 녹음 내용에 자신이 한 내용의 질을 검토하도록 간헐적으로 자기평가 문항을 포함시키고, 그 단계를 다시 하거나 다음 단계로 가게 하는 내용을 포함시킬 수 있다(자기평가에 대한 정보는 5장 참조).

청각촉구체계 설계하기

❒ 학생 스냅숏

자폐장애 학생인 줄리는 그린의 요리 수업을 듣고 있다. 그녀는 동사구를 사용하여 다른 사람과 의사소통을 한다. 읽기와 수학 능력이 저조하기 때문에, 그녀가 통합교육을 받기 위해서는 대부분의 학업과제를 광범위하게 수정할 필요가 있다. 특수교사인 그린과 파로가 줄리에게 맞도록 수정하였기 때문에, 줄리는 친구들과 함께 소그룹 요리 활동에 참여하였을 뿐 아니라 새로운 음식 관련 정보를 배울 수 있었다. 그러나 줄리는 자신이 만들고 싶은 음식의 조리법이 간단한데도 여전히 그 순서를 따라 하지 못한다. 교사들은 줄리가 그림 요리법을 따라 하도

록 가르쳤으나, 그림촉구로도 줄리는 요리법을 따라 하지 못하였다. 최근에 파로는 청각촉구체계에 대한 기사를 읽고 줄리에게 이 방법을 시도해 보기로 하였다. 줄리가 카세트테이프로 음악을 듣기 때문에, 파로는 청각촉구체계를 사용하여 가르치는 것이 어렵지 않다고 생각하였다.

가장 먼저, 그린과 파로는 줄리와 함께 그녀가 배우고 싶은 요리법에 대하여 이야기하였다. 줄리는 치즈 샌드위치를 만들고 싶다고 하였고, 파로는 치즈 샌드위치 만드는 법의 순서를 녹음하기 위하여 스크립트를 적었다. 줄리가 과제에 집중하기 위해서는 말로 피드백을 자주 받아야 하기 때문에, 세 명이 함께 카세트테이프에 칭찬하는 문장을 포함시키기로 결정하였다. 스크립트를 작성한 후, 그린은 그 내용을 카세트테이프에 녹음하였다. (그 팀은 그린이 촉구하는 말을 녹음하기로 결정하였다. 왜냐하면 줄리는 자신의 교사인 그린의 말을 잘 들었기 때문이다.)

그 주 후반부에 그린은 다른 학생이 퀴즈를 푸는 동안에 줄리와 조리실에서 만나자고 하였다. 그린은 줄리에게 청각촉구체계에 대하여 설명한 후, 치즈 샌드위치 만드는 방법에 대하여 시범을 보였다. 그린은 그 체계를 사용하여 치즈 샌드위치를 만드는 시범을 보인 후, 줄리에게 도구를 주면서 따라 하도록 하였다. 그녀는 카세트테이프를 켜고 녹음된 교수를 듣고 일시 정지를 한 후, 그 단계를 수행하였다. 그린 은 줄리가 하는 것을 지켜보다가, 그녀가 때때로 무엇을 해야 할지 모를 경우에는 도와주었다. 그린은 줄리가 청각촉구체계를 사용하여 치즈 샌드위치를 스스로 만들 수 있을 때까지 연습하였다. 그녀는 자기 자신이 혼자서 치즈 샌드위치를 만들었다는 사실에 매우 기뻐하였고, 자신이 만든 샌드위치를 먹을 때 더 좋아하였다. 그린 은 줄리에게 다음 주에 청각 '요리책'을 사용하라고 말하였다.

[1단계: 과제를 선택하고 조작할 수 있도록 단계 정하기]

먼저, 학생이 혼자서 배우거나 수행해야 할 필요가 있는 과제를 선택한다. 의사결정과정에 학생을 참여시키는 것을 명심하라. 학생의 선호도와 흥미를 고려하는 습관은 학생에게 자기결정력을 갖게 하고 성공하게 하는 효과적인 교육 실제를 개발하는 데 핵심적인 요소다. 과제를 선택하면, 학생이 표적과제를 하면서 직면할 어려움을 고려하라. 학생이 과제의 각 단계를 기억하는 데 어려움이 있는가? 학생이 과제를 마칠 때까지 집중하지 못

하는가? 또는 학생이 과제를 할 수는 있지만 실수를 많이 하는가?(〈글상자 2-5〉 참조)

이러한 질문에 대한 답에 근거하여, 학생의 학습 요구에 적절하게 표적과제의 단계를 정한다. 칭찬 또는 자기평가 문항을 녹음할 것인지에 대하여 결정한다. 학생이 녹음된 언어촉구를 받고 잠시 카세트테이프를 중지시켰다 켤 수 있는지 여부에 대하여 결정한다. 그렇게 할 수 없다면, 학생이 전체 과제를 마칠 때까지 카세트테이프를 재생하도록 만들어야 한다. 이 경우에 녹음된 언어촉구 사이에 무음 또는 음악을 분산시켜 놓으면, 학생이 다른 촉구가 제시되기 전에 촉구받은 과제를 하게 한다.

[2단계: 스크립트 작성]

다음 단계는 각 단계에 대한 언어단서(그리고 포함시켜야 한다면, 칭찬 또는 자기평가 문항)를 포함하는 스크립트를 작성한다. 스크립트를 작성할 때에는 학생이 아는 단어를 사용하여야 한다. 학생이 연속적인 녹음체

글상자 2-5

청각촉구체계의 효과에 대한 연구

Post와 Storey(2002)는 다양한 장애학생에게 청각촉구체계 중재를 한 연구논문 10편을 재검토하였다. 그들은 청각촉구체계가 세 가지 유형의 학습문제를 가진 장애학생에게 효과적이라는 것을 발견하였다. ① 활동 단계를 기억하지 못하는 학생, ② 과제가 너무 길어 오랫동안 집중하지 못하는 학생, ③ 실수를 많이 하여 과제를 완수하지 못하는 학생. 모든 논문에서 연구자들은 청각촉구체계를 개인의 학습 요구에 맞도록 개별화하였다. 연구 결과는 수행한 과제의 양적 증가 및 질적 향상, 그리고 다른 사람에게서 받은 촉구의 수 감소를 포함하고 있었다. 연구에 참여한 많은 사람은 청각촉구체계를 사용하여 표적행동을 학습한 후에 점차적으로 촉구를 소거하여, 결과적으로 스스로 그 과제를 수행하였다.

계(녹음된 언어촉구 사이에 카세트테이프를 끄지 않는 것을 의미)를 사용한다면, 스크립트 개요에 언어촉구 사이에 들어갈 시간을 정해 주면 도움이 된다. [그림 2-2]는 앞에 제시한 학생 스냅숏에 나오는 줄리의 스크립트 개요다.

스크립트 개요	
학생: 줄리	교실 또는 환경: 요리
과제: 뜨거운 샌드위치 준비(구운 치즈)	
과제 단계/언어촉구	녹음된 촉구 간 시간 간격
1. 손을 씻고 닦는다.	120초
2. 플라스틱 접시와 식탁용 나이프를 가져와 조리대에 놓는다.	30초
3. 빵 한 덩어리를 가져온다.	20초
4. 냉장고에서 치즈 한 조각과 마가린을 가져온다.	60초
5. 잘했어! 너는 모든 재료를 다 준비했다!	10초
6. 빵 두 조각을 토스트기에 넣고 레버를 아래로 누른다.	60초
7. 잘했어! 몇 분만 더 있으면 빵을 먹을 수 있다!	15초
8. 빵이 구워졌으면, 빵을 꺼내서 접시에 놓는다.	20초
9. 빵 위에 마가린을 바른다.	60초
10. 치즈 두 개의 비닐을 벗겨 각각의 빵 위에 올려놓는다.	60초
11. 빵과 치즈가 담긴 접시를 전자레인지에 넣고 문을 닫는다.	20초
12. (1분이라면) 1-0-0을 누르고, 그다음 시작 버튼을 누른다.	30초
13. 거의 다 되었다! 너는 곧 간식을 먹을 수 있다!	60초
14. 종이 울리면, 전자레인지 문을 열고 핫 패드를 사용하여 접시를 꺼낸다.	30초
15. 와! 네가 만들었다. 식으면 먹어라!!	

그림 2-2 줄리의 청각촉구체계에 대한 스크립트 개요

[3단계: 스크립트 녹음]

세 번째 단계는 스크립트를 카세트테이프에 녹음하는 것이다. 학생이 쉽게 이해할 수 있도록 학생과 친한 사람이 녹음을 하는 것이 가장 좋다. 그래서 마지막 녹음은 친한 사람이 해야 한다.

[4단계: 학생에게 청각촉구체계 사용법 교수]

어떤 학생은 청각촉구체계를 사용하기 전에 헤드폰을 끼고 카세트테이프의 전원 버튼을 작동시켜 볼 필요가 있다. 학생이 도움을 받지 않고 카세트테이프를 잘 사용하면, 그 학생은 과제를 하기 위해 촉구체계 사용방법을 배울 준비가 된 것이다. (다음은 버튼을 사용하지 못하는 학생을 위해 카세트테이프 조작을 단순하게 하는 방법에 대한 힌트를 제시하고 있다.)

카세트테이프를 실수 없이 사용하도록 하기 위한 수정

어떤 학생은 신체장애 때문에 카세트테이프를 사용하지 못한다. 이런 학생이 카세트테이프를 조작할 수 있도록 수정하는 몇 가지 방법을 다음에 제시하였다.

- 학생이 빨리감기 버튼이나 뛰어넘기 버튼을 누르지 못하도록 빨리감기 단추를 제거하거나 위에 테이프를 붙인다.
- 전원 버튼 위에 색칠을 하여 학생이 잘 알도록 한다(초록=켬, 빨강=끔).
- 전원 버튼을 사용하지 못하는 학생을 위해 하나의 단추로 카세트테이프를 켜고 끄도록 무선 개폐기 단추를 사용한다.
- 전원 버튼을 구별하지 못하는 학생은 활동을 마칠 때까지 카세트테이프를 끄지 못하게 한다. 이 선택을 하면, 학생의 학습 속도에 근거하여 간격을 설정한다. 촉구 사이에는 학생이 좋아하는 음악, 칭찬 또는 자기평가 문항을 포함시킬 수 있다.

- 카세트테이프를 켜고, 녹음된 교수를 듣고, (학생이 연속적인 작동체계를 사용하지 않는다면) 카세트테이프를 끄고, 촉구받은 행동을 수행하고, 다음 촉구를 듣고, 촉구받은 행동을 모델링한다. 활동을 마칠 때까지 이 과정을 반복한다.
- 학생이 모델링한 행동을 연습하도록 한다. 어떤 학생은 모델링한 행동을 하기 전에 녹음된 교수를 말로 반복해서 연습하는 것이 도움이 된다.
- 학생이 도움을 받지 않고 녹음된 교수를 따라 하면, 교사 없이 학생이 그 체계를 하도록 한다.

요 약

그림촉구, 사물단서, 청각촉구체계와 같은 선행단서 조절전략은 학생이 성인에게 의존하는 정도를 감소시켜 준다. 이러한 전략을 사용하는 학생은 다른 사람에게 전적으로 의존하지 않고 어느 정도 스스로 할 수 있다. 학생이 다른 사람에게 의존하지 않고 자신의 일을 스스로 할 수 있을 때, 그 학생은 자율성, 자신감 그리고 결정기술을 배양할 수 있는 유용한 도구를 습득하는 것이다. 이것이 교사가 모든 학생이 습득하기를 바라는 것이다. 학생이 자신의 삶을 영위할 능력을 개발하여야만 비로소 개별 학생에게 적절한 선행단서 조절전략을 개발하여 가르치는 데 사용된 시간과 노력이 매우 가치 있는 것이 된다.

chapter 3

자기교수

❒ 학생 스냅숏

6학년 학생인 카르멘의 담임교사는 한센이다. 그 반은 국사 수업 시간에 아이오와 주의 경계와 강, 호수, 도시에 대하여 배우고 있다. 카르멘은 아이오와 주에 있는 두 개의 강, 두 개의 주요 도시, 그리고 아이오와 주와 경계하고 있는 두 개의 주를 찾고 있다. 또래인 테렌스는 카르멘에게 지도를 보여 주면서 아이오와 주에 있는 강, 도시 그리고 아이오와 주와 경계를 이루고 있는 주의 이름을 반복해서 공부한 다음, 그것들을 말해 보라고 질문하였다. 테렌스는 인내심을 갖고 카르멘이 대답하도록 격려하였지만, 카르멘은 대답하지 못하여 좌절하고 말았다. 테렌스는 카르멘이 이러한 내용을 알고 있어야 한다는 생각만 하였지, 카르멘에게 너무 여러 가지 질문을 하여 그가 당황하고 있다는 사실은 몰랐다.

한센은 테렌스에게 도움이 필요하면 말하라고 했었다. 테렌스는 지금이 말하기 가장 좋은 때라고 생각하였다. 테렌스는 “제가 무엇을 해야 하죠? 아무것도 소용이 없는 것 같아요.” 하고 물었다. 한센은 잠시 생각한 다음에 “자기교수를 사용해 보자. 네가 다음에 카르멘과 공부할 때, 카르멘에게 다음과 같이 말하라고 가르쳐 봐.”라고 말했다.

> “나는 무엇을 하여야 할까? 두 개의 강을 찾아야 한다. 이 문제는 오른쪽에는 미시시피 강이 있고 왼쪽에는 미주리 강이 있기 때문에 쉽다. 다음에 나는 무엇을 하여야 할까? 두 개의 시를 찾아야 한다. 나는 주의 중앙에서 오른쪽에 있는 디모인 시에 산다. 그리고 내가 사는 도시의 오른쪽에는 주의 이름과 같은 아이오와 시가 있다. 마지막으로 나는 아이오와 주와 경계하고 있는 두 개의 주를 찾아야 한다. 하나는 아이오와 주 아래에 있는 강의 이름과 같은 미주리 주이고, 다른 하나는 아이오와 주 위쪽에 있는 미네소타 주다.”

한센은 테렌스에게 순서의 첫 단계를 카르멘에게 가르치라고 하였다. “카르멘이 다섯 번 정답을 말하면, 그다음 단계를 가르치는 식으로 해서 마칠 때까지 가르쳐라.”라고 하였다. 또한 한센은 테렌스에게 카르멘이 정답을 말한 후, “나 참 잘했다. 나는 지도를 볼 줄 안다.”라고 말하도록 가르치라고 하였다. 카르멘은 처음에 자기교수를 반복해서 할 때는 어려워하였으나, 며칠이 지난 후부터 자기교수를 잘 사용하였다. 카르멘은 이렇게 하여 일반교육과정에 있는 아이오와 주에 대한 중요한 내용을 배웠다.

이 장은 학생이 언어단서를 말한 후에 표적행동을 수행하는 자기교수 전략을 설명하고 있다. 자기교수는 자기 자신에게 말로 정보를 제공하여 스스로 과제를 하도록 한다. 구체적으로, 이 장은 자기교수 사용 방법을 기술하고, 자기교수 사용의 장점을 설명하며, 통합환경에 적용한 예를 제시하고, 학생에게 자기교수를 가르치는 순서를 제시하고 있다. 자기교수는 일반교실에서 공부하기 힘들어하는 학생들에게 특히 가치가 있다. 이 책에 설명된 다른 전략과 마찬가지로, 자기교수는 학생의 교육을 지원하는 대표적인 전략이다.

❐ 학생 스냅숏

중학교 3학년 정신지체 학생인 데이비드는 교사인 브라운의 컴퓨터 키보드 치는 법 수업을 받고 있다. 수업을 듣는 학생들은 문서처리 프로그램을 열고 서로 이야기하면서 그 날 과제인 비형식적 글쓰기를 하였으나, 데이비드는 컴퓨터 화면만 보고 있다. 브라운은 학생들을 둘러보다가, 데이비드가 문서처리 프로그램도 열지 않고 가만히 앉아 있는 것을 보았다. 그녀는 데이비드가 과제를 하기 위해 기초적인 키보드 치는 기술을 갖고 있다는 것을 알았다. 데이비드는 손으로 쓴 페이지에 있는 개인적인 정보, 단어, 문장과 같은 간단한 내용만 겨우 타이핑할 수 있었다.

브라운은 데이비드가 과제를 할 수 있도록 그가 친구들과 함께 자신이 쓰고 싶은 내용을 손으로 쓰도록 하였다. 데이비드가 지금 배워야 할 것은 문서처리 프로그램을 열고 키보드를 치는 것이다. 브라운은 데이비드가 과제를 하기 위해 도움을 받은 경우가 이번이 처음이 아니라는 사실을 알았다. 지금까지 브라운은 데이비드가 타이핑할 수 있도록 준비해 주었다.

데이비드를 관찰하고 문제에 대하여 그와 대화를 한 후, 브라운은 데이비드가 어떻게 문서처리 프로그램을 여는지 기억하는 데 어려움이 있다고 판단하였다. 브라운의 교실에서는 학생에게 지정된 자리가 없기 때문에 데이비드는 항상 새로운 자리에 앉을 수밖에 없었고, 자신이 사용하지 않던 새로운 컴퓨터의 환경이 조금 달랐기 때문에 어떻게 문서처리 프로그램을 여는지 모르는 것 같았다. 브라운은 자기교수 전략이 데이비드에게 문서처리 프로그램을 열도록 가르치는 데 가장 좋은 방법이라고 생각하였다. 데이비드가 자기교수 전략을 배워서 사용하면, 다른 학생들은 데이비드가 마음속으로 순서대로 말하면서 따라 한다는 사실을 알아차리지 못할 것이다. 데이비드가 그림촉구에 의존하는 것보다 자기교수를 배우면, 집에 있는 컴퓨터를 포함하여 어떤 컴퓨터에서도 그 프로그램을 사용할 수 있을 것이다. 또한 데이비드가 컴퓨터 프로그램을 여는 데 필요한 기본적인 단계를 배우면, 현재 반에서 사용하는 프로그램이 아닌 다른 프로그램에 이 단계를 적용할 수 있을 것이다.

[그림 3-1]은 브라운이 데이비드를 가르친 자기교수 단계와 데이비드가 자신의 행동을 가르치기 위해 배운 자기진술문에 대하여 설명한 것이다.

자기교수 단계	자기진술문
1. 문제 파악: 무엇이 문제인가?	프로그램을 열어야 한다.
2. 해결책 진술: 나는 무엇을 하여야만 하는가?	그림을 클릭한다. 타이프를 친다.
3. 활동 평가: 나는 어떻게 하였나?	나는 프로그램을 열었다.
4. 자기강화: 나는 그것을 바르게 하였나?	그렇다, 나는 아주 잘하였다.

그림 3-1 중학교 3학년 정신지체 학생인 데이비드를 위한 자기교수 단계와 자신의 행동을 안내하기 위하여 배운 자기진술문

자기교수는 어떻게 작용하는가

학교 및 가정환경에서 성인(예, 교사, 부모)은 아동의 행동을 대부분 말로 가르치거나 지시하여 통제한다. 자기교수는 학생이 스스로 말하거나 언어교수를 사용하여 자기 자신의 행동을 통제하도록 하기 때문에, 이것은 학생의 자기결정력과 자립을 촉진시키는 새로운 차원을 포함시켰다. 언어의 광범위한 특성은 통제요소이기 때문에, 자기교수는 가장 강력한 학생주도학습 전략 중 하나다.

러시아 심리학자인 Vygotsky(1978)는 인간이 자기 자신의 행동을 규제하는 능력은 성인의 언어 규제를 '내면화'하는 데서 생긴다고 제안하였다. 즉, 아동은 자신의 주위에 있는 성인이 말하는 규제 및 정보를 내면화한다는 것이다. 이렇게 내면화된 언어는 개인의 언어로 변형되고, 본질적으로 아동이 자기 자신의 사고과정을 통제할 수 있게 하며, 문제해결 및 목표지향 행동을 규제하게 한다. 자기교수는 실제 들을 수 있는 '사적' 언어와 유사하게 작용하기 때문에, 아동이 자기 자신의 행동을 계획, 조직화 및 규제하게 한다. 이러한 점에서 자기교수는 '중재하는' 행동으로 간주된다. 즉, 자기교수는 학생이 행동 사건에 대하여 생각하는 방법에 영향을 준다. 사실상, 자기교수는 학생이 소리 내어 생각하게 한다. 학생에게 자기교수를 하도록 가르치는 것은 현재 또는 자주 이러한 능력을 사용하지 못하는 학생에게 자기주도적인 교수지원을 제공하는 것이다.

행동주의 문헌에 근거한 설명에 따르면, 자기교수는 반응이 발생할 가능성을 증가시키는 선행사건으로 작용한다는 것이다. 자기교수는 행동을 하도록 지시하고, 다시 그 행동을 강화하는 결과를 수반한다(Hughes, 1997). 학생이 자기교수를 사용하여 두 자릿수 덧셈 문제를 더 많이 맞춘다는 사실을 알면, 그 학생은 계속해서 자기교수를 사용할 것이다. 학생의 수학 점수가 향상되었다면, 그 학생은 다른 강화—예를 들면, 교사 또는 또래의 칭찬—를

글상자 3-1

선행사건이 작용하는 방법에 대한 설명

행동주의 학습 모델은 학생의 행동을 행동과 관련된 세 가지 과정, 즉 선행사건, 반응, 결과로 설명한다. 변별자극으로 불리는 선행사건은 표적 또는 원하는 반응을 통제하는 자극이고, 강화제와 관계가 있다. 자극통제란 한 가지 반응이 일관성 있게 발생하도록 하는 변별자극의 능력을 말한다. 이 경우에 자기교수를 통해 제공되는 언어단서는 변별자극이 된다. 즉, 언어단서가 반응을 유발시킨다(예, 무엇이든지 상관없이, 자신에게 무엇을 하도록 말하는 것이다).

받을 수 있게 한다. 〈글상자 3-1〉은 선행사건이 어떻게 작용하는지에 대하여 설명하고 있다.

이론적 설명과 관계없이, 자기주도 언어교수는 성공적인 과제수행과 매우 밀접한 관계가 있다. 통합교육 프로그램에 참여하는 학생의 수가 점차적으로 증가함에 따라, 자기교수는 학생이 알아야 될 전략적인 도구가 되어야 한다.

문제해결

학생이 학교에서 원만하게 생활하기 위해서는 여러 가지 문제에 대한 해결방안을 파악할 수 있는 능력이 있어야 한다(Agran & Hughes, 1997; Agran & Wehmeyer, 1999). 어려운 학업 및 다른 교수 과제의 도전 외에도 학생은—또래에게 무슨 말을 해야 하는지에서부터 수업에 필요한 자료 가져오기, 학급 일과 따르기(예, 지정된 장소에 과제 제출하기, 실험 수업을 하기 위해 적절한 자료 준비하기)까지—수많은 다른 문제에 직면해 있다. 문제해결 능력을 기르는 것은 학생이 배워야 할 가장 중요한 요구 중 하나임에도(Wehmeyer, Agran, & Hughes, 2000), 장애 영역에 관계없이 문제를 체계적으로 해결하는 방법을 아는 장애학생은 거의 없다.

자기교수는 바람직한 반응을 촉진하기 위하여 학생에게 부가적인 정보(예, 언어단서)를 제공하기 때문에 문제를 해결하게 하는 유용한 전략으로 알려져 왔다. 즉, 자기교수는 학생이 자신의 수행을 지도하기 위한 정보를 습득하기 위하여 자기 자신이 말로 가르치기 때문에 학생이 상황을 만드는 것이다. 예를 들면, 학생에게 수학 연습문제지를 다 푼 다음 파일에 넣으라고 수도 없이 말하였지만, 학생은 지금도 말하지 않으면 문제지를 파일에 넣지 않는다. 자기교수를 가르친다면, 학생은 가장 먼저 문제를 적는다("나는 수학 연습문제지를 갖다 놓는 장소를 기억하지 못한다."). 다음에 학생에게 문제의 답을 적도록 가르친다("나는 클린턴 선생님에게 파일을 쉽게 찾을 수 있도록 파일 위에 빨간 클립을 꽂아 놓아 달라고 말할 것이다."). 그다음, 학생은 자신이 해야 할 내용을 적는다("나는 빨간 클립이 꽂혀 있는 파일을 찾을 것이다."). 마지막으로, 학생은 자기 자신을 스스로 강화하도록 배운다("나는 빨간 클립이 꽂혀 있는 파일을 찾았다."). 수학 연습문제지를 어디에 갖다 놓을지 기억할 수 없을 때, 학생은 교사의 촉구에 의존하기보다 자기 스스로 그 일을 할 수 있도록 자기교수를 반복한다. 〈글상자 3-2〉는 자기교수를 사용하여 수학문제를 푸는 고등학교 학생 제니퍼의 예를 제시한 것이다.

글상자 3-2

제니퍼에게 자기주도를 가르치기 위하여 사용된 문제해결 전략의 예

고등학생인 제니퍼는 일반수학을 수강하고 있다. 수학교사인 게일 선다운은 학생의 요구를 반영하기 위하여 다수준 교육과정 접근을 사용하여 교수활동을 고안하고 있다. 교육전문가가 제공한 피드백에 근거하여, 제니퍼는 졸업 후 최저임금을 받고 일주일에 35시간 일하면 월급이 얼마나 되는지 배우고 있다. 제니퍼가 계산기를 사용하여 수학문제를 풀 때 자신이 무엇을 해야 하는지 상기시켜야 한다는 말을 너무 자주 들었기 때문에, 선다운은 제니퍼에게 최근 연수 때 배운 문제해결 자기교수 전략을 가르치기로 하였다. 그 순서는 다음과 같다. 제니퍼는 문제를 진술하도록 배울 것이다("나의 월급은 얼마가 될 것인가?"). 제니퍼는 시급을 말하면서 계산기 키를 누를 것이다("나는 시간당 5.15달러를 번다."). 다음에 그녀는 주당 근무시간을 말하면서 계산기 키를 누를 것이다("나는 주당 35시간 일한다."). 그다음, 그녀는 한 달이 몇 주인지 말하면서 계산기 키를 누를 것이다("한 달은 4주다."). 그다음에 제니퍼는 '=' 키를 누를 것이다. 결과를 보고, 제니퍼는 스스로 말할 것이다("나의 월급은 721달러가 될 것이다."). 마지막으로 제니퍼는 자기 자신을 칭찬하도록 배운다("나의 월급이 얼마인지 알았다. 이것은 아주 좋은 일이다."). 이 기술을 배우면, 제니퍼는 앞으로 자신이 얼마나 벌 수 있는지 더 잘 이해할 것이다. 선다운은 이러한 내용을 알았기 때문에 앞으로 예산 편성과 관련된 수학 연습문제를 내려고 생각하였다.

자기교수의 장점

통합학교 환경에서 자기교수의 가장 중요한 장점 중의 하나는 그것의 적응성이다. 자기교수는 여러 가지 기술을 가르치는 데 사용될 수 있다. 행동을 관찰 가능한 조작적 반응으로 정의할 수 있으면, 자기교수를 개발하여 사용할 수 있다(〈글상자 3-3〉에 제시된 '자기교수의 장점' 참조). 자기교수 사용법을 배운 학생이 할 수 있는 몇 가지 예는 문제해결, 항목 요청, 지시 따르기, 문단에서 중요 개념 찾기, 수학문제 풀기다. 〈글상자 3-4〉는 연구논문에서 학생이 자기교수를 사용하여 어떻게 대화를 시작하였는지를 설명하고 있다.

자기교수는 어떤 교실 환경에서도 사용될 수 있다. 몇 가지 다른 학생주도 전략(예, 그림 또는 청각 촉구체계)과 달리, 자기교수는 학생이 활동을 할 때 자료가 필요 없다. 이것 때문에 자기교수는 자신의 물건을 갖고 다니지 못하거나 그림 또는 청각 촉구체계를 사용할 수 있는 운동기술이 없는 학생에게 잘

글상자 3-3

자기교수의 장점

- 관찰 가능한 반응이면, 개발될 수 있다.
- 학생이 생각을 소리 내어 말하도록 한다.
- 순간적이다. 말은 어디서든지 할 수 있다.
- 장애가 더 심한 학생에게 수정 또는 대체 의사소통 절차(수화, 휴대용 말하는 기기, 의사소통 판)를 가르칠 수 있다.
- 학생이 관련된 모든 상황과 환경에서 단서를 반복할 수 있기 때문에 반응의 일반화를 촉진한다.

글상자 3-4

정신지체 학생이 자기교수 전략을 사용하여 또래와 대화를 시작하는 것을 보여 준 연구 결과

Hughes, Harmer, Killian과 Niarhos(1995)가 수행한 연구에서 고등학생 자원봉사자가 또래 정신지체 학생 네 명에게 자기교수 전략을 사용하여 다른 일반학생과 대화를 시작하도록 잘 가르쳤다. 모든 정신지체 학생은 자기교수 훈련을 받은 후에 모르는 또래와 대화를 시작하였다. 연구자는 자기교수를 배운 연구 참여자가 대화시작 기술을 새로운 환경과 학생에게 일반화하는 데 가장 많은 영향을 미친 세 가지 요인을 다음과 같이 제시하였다. ① 자기교수 훈련을 하는 동안에 연구 참여자에게 다양한 예를 제공하였다(다양한 대화 상대). ② 고등학교에 있는 여러 환경에서 자기교수를 가르쳤다. ③ 훈련을 받고 있지 않아도, 연구 참여자가 다른 사람과 말하고 싶어 할 때마다 자기교수를 상기시켰다.

맞다. 또한 자기교수를 사용하면, 학생은 학교와 관련된 활동을 스스로 할 수 있는 능력을 기를 수 있다. 교사 또는 성인이 단서를 제공하지 않아도, 학생은 스스로 자기교수를 할 수 있다. 자기교수는 학생에게 바라던 반응을 시작하도록 단서를 제공한다.

자기교수의 또 다른 장점은 강요하지 않는 것이다. 학생이 자신의 행동을 안내할 문장 또는 질문의 순서를 배우기만 하면, 학생은 이러한 촉구를 마음속으로 말하거나 작은 목소리로 말할 수 있다. 제이미는 반올림이 있는 수학 문제의 계산 단계를 마음속으로 말한다. 그녀는 반올림이 있는 문제를 계산하는 데 사용하는 자기교수 단계를 배웠고, 이제는 마음속으로 단계를 말하면서 문제를 계산한다.

앞에서 언급한 바와 같이, 말을 하지 못하거나 언어기술이 제한적인 학생조차도 자기교수를 배울 수 있다. 예를 들면, 학생은 자신이 사용하는 문장 또는 질문을 수화로 하여 자신의 행동을 지시할 수 있다. 말 또는 수화를 하지 못하는 학생은 각각의 자기교수 문장을 나타내는 그림촉구에 손을 대도록 배울 수 있다. 바라던 반응(예, 수학문제 풀기, 단어 철자 쓰는 법 기억하기, 직업과제 순서 따라 하기)을 수행하기 전에 이 반응이 계속해서 발생한다면, 그것은 선행사건의 특성을 습득할 수 있고, 결과적으로 자기교수 역할을 하는 것이다. 자기교수의 마지막 장점은 학생이 말하는 문장에 자기강화 문장을 포함시킬 수 있다는 것이다(예, "나는 참 잘했다."). 강화를 받기 위해 다른 사람에게 의존하는 대신, 학생은 자신의 행동을 스스로 강화하도록 배운다. 이것은 즉시 그리고 구체적인 과제를 강화하는 것이다.

왜 더 많은 학생에게 스스로 가르칠 수 있도록 가르치지 않는가

자기교수가 잠재적으로 매우 가치가 있음에도 (〈글상자 3-5〉 참조), 이 전략을 배운 학생은 소수에 불과하다. 학생에게 자기교수를 가르쳤다고 응답한 교사는 주 규모 교사표본의 1/3 이하(Agran, Snow, & Swaner, 1999), 그리

글상자 3-5

자기교수의 여러 가지 장점을 설명하는 연구

Agran과 Hughes(1997)는 자기교수가 문제해결 전략의 기능이 있다고 제안하였다. 그 이유는 자기교수가 학생에게 문제 파악, 이전과 유사한 상황에서 사용하였던 효과적인 반응 검사, 활동 계획 개발, 계획 실행, 그리고 마지막으로 선택한 활동 평가를 하는 데 언어 단서를 제공하기 때문이다. 자기교수는 학생에게 자기규제학습 전략을 제공한다.

고 전국 교사표본의 반 이하였다(Wehmeyer et al., 2000). 학교 및 사회에서 지적장애 학생과 발달장애 학생이 자기교수를 사용할 수 있다고 발표한 연구 문헌에 자기교수 전략의 잠재적인 유용성과 충분한 설명이 주어졌음에도, 이렇게 소수의 교사만이 자기교수 전략을 사용한다는 것은 매우 놀라운 사실이다(Agran & Hughes, 1997; Hughes, 1998).

교사가 학생에게 자기교수를 가르치지 않는 이유는 다음과 같다. 첫째, Wehmeyer와 동료들(2000)이 보고한 바와 같이, 교사들이 자기교수를 배우지 않는 경우가 많기 때문에 자기교수와 같은 학생주도학습 전략을 어떻게 가르쳐야 하는지 모른다. 교사가 자기교수를 체계적으로 가르치는 방법을 안다면, 그들은 이러한 전략을 더 적극적으로 가르칠 것이다.

둘째, 자기교수의 '소리 내어 말하는' 행동은 일반적으로 사회적으로 가치가 없어 보이거나, 적어도 교육환경의 맥락에서만 어느 정도 가치가 있는 것으로 보일 수 있다는 것을 의미한다. 사회적으로 자기교수는 어린이에게는 용납되지만, 청소년이나 성인에게는 용납되지 않는다. 결과적으로, 교사들은 자기교수가 다른 사람에게 좋지 않은 시선을 받는다고 인식하기 때문에 이 전략을 가르치기 주저한다.

셋째, 수정하긴 하였지만 지적장애인도 자기교수를 배울 수 있다는 명백한 증거가 제시되었음에도 많은 교사는 이 교수전략이 학생에게 도움을 주지 못한다고 생각한다. 간단히 말하면, 장애학생은 이 전략을 배워서 사용할 수 있는 능력이 없다고 생각한다. 많은 교사가 자기교수는 말할 수 없는 학생에게는 가치가 없다고 생각하기 때문에, 표현 언어기술이 부족한 학생은 이 전략을 배울 수 있는 기회가 거의 없다.

교사들의 이러한 생각은 다음과 같은 이유 때문에 전혀 근거가 없다. ① 말하는 데 어려움이 있거나 말하지 못하는 학생도 수화, 그림교환체계, 말하는 기기와 같은 대체 의사소통 절차를 사용할 수 있다. ② 지적장애 학생이 자기교수를 사용할 수 있는지 여부에 의문을 제기하기보다, 학생의 교수 요구와 언어능력에 맞는 의사소통 방법을 찾는 것이 더 바람직하다. 자기교수는 교사가 학생에게 지시하는 것과 같이, 학생이 자기 자신에게 지시한다. 자기교수는 가르치는 사람보다 오히려 무슨 말을 언제 하느냐가 더 중요하다.

자기교수의 유형

학생이 사용하는 자기교수는 학생이 수행해야 할 과제와 과제를 하는 데 요구되는 행동 여하에 달려 있다. 또한 학생의 언어 및 구어사용 능력에 따라 가르쳐야 할 단어의 수와 말로 표현할 내용을 결정한다. 앞에서 언급한 바와 같이, 자기교수의 목적은 학생에게 자신이 해야 할 행동을 미리 말하고 따라 할 수 있도록 하는 것이다. 그러므로 자기교수를 작성하는 데 권장할 수 있는 최소 또는 최대 단어의 수는 없다. 표현언어 능력이 부족한 사람에게는 한두 단어(예, '빨리 세어라')로 작성된 교수가 가장 적절하다. 각각의 계산 단계를 말하고 수행하도록 배우는 학생이 여러 단계로 구성된 문제해결 과제를 하려면, 많은 자기교수가 필요하다. 그럼에도 수많은 자기교수 형식이 특별히 유용하다고 밝혀져 왔다. 이러한 형식에는 문제해결, 과제를 순서대로 배열하기, 무엇/어디, 상호작용이 있다. 다음에서 각각의 형식에 대하여 살펴본다.

문제해결

비록 논쟁의 소지가 있기는 하지만, 가장 전통적인 자기교수 형식은 Meichenbaum과 Goodman(1971)이 개발한 문제해결 전략이다. 이 전략의 순서는 문제 확인(예, "나는 수업시간에 발표를 더 해야 한다." "나는 다른 사람의 비판을 더 잘 수용해야 한다."), 문제해결책 제시(예, "나는 세 가지 점에 대하여 말할 것이다." "나는 그 사람이 내게 말한 내용을 인정할 것이다."), 채택한 활동 평가(예, "나는 세 가지 점에 대하여 말하였다." "나는 그 사람을 보고 '좋아'라고 말하였다."), 그리고 적절한 반응에 대한 자기강화(예, "잘했어!")이고, 모든 순서는 학생이 따라 할 수 있는 진술문을 포함하고 있다. [그림 3-2]는 자기교수의 예를 제시하고 있다. 학생과 교사가 함께 이 서식을 작성하는 것이 최선의 방법이다. 서식의 위에는 다음과 같은 정보를 적어야 한다. 학생의 성명, 교실 환경, 가르칠 표적행동(예, 교수목표), 교수과제 또는 활동. 이 서식

문제해결 전략			
학생: 신디		환경: 교실	
교수목표: 대중연설		과제: 조사 공원에 대한 모둠 발표	
표적행동	**자기교수**	**강화제**	**교정 절차**
모둠 발표 후에 수행 평가	문제: "나의 수행을 평가한다."	"나는 나 자신을 좋게 평가하였다."	"다시 하시오."
평가지를 사용하여 수행평가	해결책: "평가지를 보시오."	"나는 평가지를 보았다."	"평가지를 다시 보는 것을 기억하시오."
평가 점수 보기	평가: '잘했음' 2개와 '보통' 하나	"나의 평가는 정확했다."	"나는 '보통' 점수를 받은 것을 향상시켜야 한다."
자신을 칭찬하기	강화: "나는 잘했다."	"나는 매우 크게 말하였다."	"계속 잘하자."

그림 3-2 대중연설 기술을 배우고 싶어 하는 신디를 위한 문제해결 형식의 예

의 행은 왼쪽에서 오른쪽으로 다음과 같은 정보를 적는다. 표적행동, 표적행동을 가르칠 적절한 자기교수, 강화(제)(예, 강화 문장), 그리고 가르칠 때 사용할 교정 절차(예, "다시 해 보라.").

과제를 순서대로 배열하기(Did-Next-Now)

❒ 학생 스냅숏

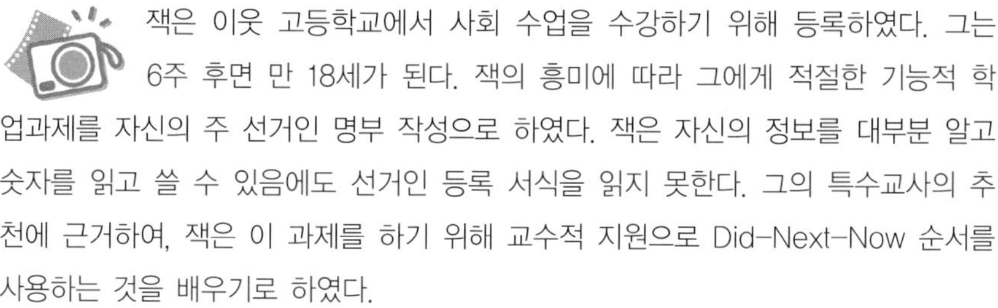

잭은 이웃 고등학교에서 사회 수업을 수강하기 위해 등록하였다. 그는 6주 후면 만 18세가 된다. 잭의 흥미에 따라 그에게 적절한 기능적 학업과제를 자신의 주 선거인 명부 작성으로 하였다. 잭은 자신의 정보를 대부분 알고 숫자를 읽고 쓸 수 있음에도 선거인 등록 서식을 읽지 못한다. 그의 특수교사의 추천에 근거하여, 잭은 이 과제를 하기 위해 교수적 지원으로 Did-Next-Now 순서를 사용하는 것을 배우기로 하였다.

체계적인 교수를 받으면, 중증장애 학생도 컴퓨터 소프트웨어를 사용하는 것부터 여러 단계의 음식 준비까지 복잡한 순서의 과제를 할 수 있다고 보여 준 연구 문헌이 많다. 순서대로 배열된 과제를 하도록 촉진하는 유용한 자기교수 전략은 Did-Next-Now 접근법이다. 이 전략은 학생이 순서에 있는 첫 번째 반응을 한 후, 반응을 마쳤다고 말한다. 그 다음, 학생은 두 번째 단계를 말한다. 그 뒤에 학생은 두 번째 단계를 자기교수 한다. 이전 단계는 다음 단계를 하도록 하는 선행사건으로 작용한다. [그림 3-3]과 [그림 3-4]는 잭을 위한 Did-Next-Now 전략이다.

무엇-어디 전략

❒ 학생 스냅숏

시슬리는 토레티가 가르치는 일반교육 수학과목을 수강신청 하였다. 예산 집행 계획 프로그램 요소로서, 그녀는 달러와 센트 더하기를 배울 것

교수 순서	자기교수
Did: Next: Now:	"나는 사회보장번호를 적었다." "나는 생년월일을 적어야 한다." "나는 생년월일을 적을 것이다."
Did: Next: Now:	"나는 생년월일을 적었다." "나는 성별을 표시해야 한다." "나는 성별을 표시할 것이다."
Did: Next: Now:	"나는 성별을 표시하였다." "나는 내가 사는 주를 적어야 한다." "나는 내가 사는 주를 적을 것이다."
Did: Next: Now:	"나는 내가 사는 주를 적었다." "나는 이름을 적어야 한다." "나는 이름을 적을 것이다."
Did: Next: Now:	"나는 이름을 적었다." "나는 주소를 적어야 한다." "나는 주소를 적을 것이다."
Did: Next: Now:	"나는 주소를 적었다." "나는 나의 학군을 적어야 한다." "나는 나의 학군을 적을 것이다."
Did: Next: Now:	"나는 학군을 적었다." "나는 가입한 정당에 표시해야 한다." "나는 가입한 정당에 표시할 것이다."
Did: Next: Now:	"나는 가입한 정당에 표시하였다." "나는 우편번호를 적어야 한다." "나는 우편번호를 적을 것이다."
Did: Next: Now:	"나는 우편번호를 적었다." "나는 전화번호를 적어야 한다." "나는 전화번호를 적을 것이다."
Did: Next: Now:	"나는 전화번호를 적었다." "나는 서명을 해야 한다." "나는 서명을 할 것이다."
Did: Next: Now:	"나는 서명을 하였다." "나는 오늘 날짜를 적어야 한다." "나는 오늘 날짜를 적을 것이다."

그림 3-3 책을 위한 Did-Next-Now 문장의 예

Did-Next-Now(과제 순서대로 배열하기) 전략			
학생: 잭		환경: 교실	
교수목표: 사회 배우기		과제: 선거인 등록카드 작성하기	
자기교수	표적반응	강화제	교정 절차
Did: "나는 사회보장 번호를 적었다." Next: "나는 생년월일을 적어야한다." Now: "나는 생년월일을 적을 것이다."	"생년월일을 적는다."	"너는 어떤 말을 하고 무엇을 해야 하는지 기억하였다."	"다시하시오."

그림 3-4 잭의 Did-Next-Now 서식

이다. 그녀는 이 수업과 또래 교사인 클레어와 공부하는 것을 좋아하지만, 계속해서 계산기를 가져오지 않았다. 토레티가 때때로 계산기를 가져오라고 말하지만, 그녀는 가져오지 않고 계속해서 자리에 앉아 있다. 토레티는 그녀에게 무엇-어디 전략을 사용하는 법을 가르치기로 결정하였다. 토레티는 그녀에게 무엇을 가져가야 하고('계산기 가져가는 것'), 그것이 어디에 있는지('물품 보관함')를 말하도록 가르쳤다. 자기교수를 사용한 지 며칠 지나지 않아, 토레티는 시슬리에게 계산기를 가져오라고 말하는 횟수가 줄어들었다는 것을 알았다. 또한 토레티와 클레어가 자기교수를 가르치지 않아도, 시슬리가 스스로 자기교수 하는 것이 자주 관찰되었다.

모든 학생에게 있어서 가장 중요한 생존기술 중 하나는 지시 따르기 능력이다. 일반교육 환경에는 경쟁자극이 많기 때문에, 학생이 지시를 따르는 데 어려움이 있다. 무엇-어디 전략은 학생에게 무엇을 어디서 해야 하는지 알도록 부가적인 단서를 제공하여, 학생이 지시를 따르도록 한다. 이러한 언어단서는 학생이 그 과제와 관련된 요소에 주의를 기울이게 한다. 무엇-어디 전략 형식은 네 부분으로 구성되어 있다(시슬리의 무엇-어디 전략인 [그림 3-5] 참

무엇-어디 전략			
학생: 시슬리		환경: 교실	
교수목표: 계산기 가져오기		과제: 달러와 센트 덧셈	
자기교수	표적반응	강화제	교정 절차
무엇: 계산기 가져오기 어디: 물품 보관함	자기 자신에게 계산기를 가져오라고 지시한다.	"잘했어! 너는 자신에게 무엇을 하라고 말했다."	"다시 하시오."

그림 3-5 달러와 센트 덧셈을 배우는 시슬리의 무엇-어디 전략 서식

조). 첫 번째 부분에 환경, 교수목표, 과제를 적고, 그다음 표적행동을 적는다. 그러고 나서 구체적인 자기교수를 적고, 마지막으로 강화제와 교정 절차를 적는다.

상호작용(Did-Next-Ask)

❒ 학생 스냅숏

로버타는 고등학교 매점에서 직업교육 실습을 하고 있다. 그녀가 일을 더 잘하도록 하기 위해 그녀에게 자기교수를 가르쳤다. 그녀는 "안녕하세요?" 하면서 손님을 맞이한다(예, Did). 그다음, 그녀는 "무엇을 드릴까요?" 하고 말한다(예, Next). 마지막으로, "몇 개 드릴까요?" 하고 물은 후 그 사람이 요청한 수의 물건을 준다(예, Ask).

정의에 따르면, 자기교수는 '말하는 행동'을 포함하고 있다. '말하는 행동'은 학생이 스스로 하지 않으면, 다른 사람이 학생에게 제공해야 할 언어 단서다. 학생은 자기교수를 사용하여 이전에 하지 못했던 일을 할 수 있을 것이다. 사실상, 자기교수는 학생이 스스로 할 수 있도록 하는 것이다. 그러나 이전에 논의한 바와 같이, 자기 자신에게 큰 소리로 말하는 것이 사회적으로 적절하지 않다고 대부분 생각하고 있다. 대부분의 교사는 학생이 자습시간

에 교실에서 큰 소리로 말하지 못하게 한다. 사회적 상호작용의 맥락에서 사회적으로 수용 가능한 Did-Next-Ask 전략은 이러한 염려를 해소하였다. 이 전략은 질문 형식 또는 대화를 주고받는 형식으로 자기교수를 수행하는 것이다([그림 3-6] 참조).

이것은 많은 사람이 사용하는 수사적인 전략이다. 예를 들면, 그들은 자기 자신 또는 다른 사람에게 금방 들은 말을 질문형식으로 반복할 것이다("네가 나에게 연필을 달라고 했지, 그렇지 않아?"). 이러한 전략은 특별히 학생이 교사나 다른 학생과 상호작용하는 상황(예, 다른 학생을 위해 자료를 획득하는 것)에 사용될 수 있다. Did-Next-Now의 변형인 이 전략은 학생에게 다음에 무엇을 해야 하는지 기억하도록 가르치는 것을 포함하고 있다. 두 가지 전략의 차이는 세 번째 말이 순서의 다음 단계에 대한 'ask' 문장 또는 질문을 포함하고 있다는 것이다. 이러한 의문문을 말한 결과, 학생은 사회적으로 수용되는 방법으로 부가적인 자기주도 언어정보를 받을 수 있었다. 〈글상자 3-6〉은 이 전략을 사용한 연구에 대하여 설명하고 있다.

Did-Next-Ask(상호작용) 전략			
학생: 로버타 교수 목표: 직업기술 배우기		환경: 학교 매점 과제: 손님 맞이하기	
자기교수	표적행동	강화제	교정 절차
Did: "나는 '안녕하세요'라고 말하였다." Next: "무엇을 드릴까요?" Ask: "몇 개 드릴까요?"	손님 맞이하기. "나는 손님이 원하는 것을 사도록 도와준다."	"나는 친절했다!"	"손님이 그 외에 다른 것을 원하는지 물어볼 수 있다."

그림 3-6 소매상 점원이 되고 싶어 하는 로버타의 Did-Next-Ask 전략의 예

글상자 3-6

Did-Next-Ask 전략이 중등도 및 중도 정신지체 학생의 직업 관련 과제에 미치는 영향에 관한 연구

Agran, Fodor-David, Moore와 Martella(1992)는 중등도 및 중도 정신지체 학생들에게 자기교수를 가르쳤다. 주방 보조원 훈련을 받았던 학생들은 학교 식당에서 손님에게 주문을 받고 샌드위치를 만들었다. Agran과 동료들은 학생들에게 방금 마친 단계를 다시 하도록 가르친 후('Did'), 손님에게 무엇을 넣을 것인지 묻도록 자신을 상기시킨다('Next'). 그 다음, 학생들은 손님에게 샌드위치 속에 넣을 재료를 물었다('Ask'). 예를 들면, 일련의 상호작용적인 자기교수와 같을 것이다. (빵에 고기를 얹은 후) "고기를 넣었고," (손님에게 질문하도록 자신을 상기시키고) "다음엔 치즈," 그 다음 (손님에게 다음 단계 주문을 하면서) "어떤 종류의 치즈?"

자기교수 가르치기

이 영역은 자기교수를 체계적으로 가르치는 절차에 대하여 설명하였다. 해야 할 과제와 언어 반응이 연속해서 형성 및 강화된다는 점에서 직접교수 접근을 포함하고 있다. 따라서 학생이 해야 할 행동을 자기교수 하고 실행한 것에 대한 강화를 받는다는 점에서, 순서는 말하기-수행하기 구조다. 또한 여기서는 학생이 자기교수 전략을 배우면, 교수는 내면화되고 기능적으로 행동의 내적 중재자로 작용할 것이라고 제안한 Meichenbaum과 Goodman(1971)(〈글상자 3-7〉 참조)의 교수원형에 근거하여, Hughes와 Carter(2000)가 발전시킨 훈련 순서를 설명한다. 여기에 설명된 교수 절차는 대부분 앞에서 언급한 연구자의 접근에 근거하고 있지만, 이 절차는 '들을 수 있다'는 점이 다르다. 즉, 우리는 학생의 자기교수를 관찰하여 측정할 수 있고, 그래서 학생이 그 전략을 사용하고 있는지 여부를 알 수 있기 때문에 추천하였다.

글상자 3-7

자기교수를 가르치는 단계

1. 교사가 소리 내어 말하면서 시범을 보인다.
2. 교사가 소리 내어 말하면, 학생이 수행한다.
3. 학생이 소리 내어 말하면서 수행한다.
4. 학생이 작은 소리로 말하면서 수행한다.
5. 학생이 마음속으로 말하면서 수행한다.

출처: Meichenbaum & Goodman (1971).

자기교수를 가르치는 교수절차는 상대적으로 쉽다. 첫째, 학생의 교수 요구에 근거하여 표적행동을 정한다. 그다음, 순서에 있는 단계의 조작적 정의에 근거하여 자기교수를 만든다. 이러한 정의는 지시문으로 만들어지고, 앞에 설명한 자기교수 말하기 세트로 구성된다. 마지막으로, 이전에 언급한 바와 같이 자기교수에 따라 행동을 가르친다. 다음에 자기교수 단계를 가르치는 순서에 따라 설명하였다.

[1단계: 이론적 근거 제공]

과정의 첫 번째 단계는 학생에게 자기교수의 가치에 대한 이론적 근거를 제공하는 것이다. 이렇게 해야 하는 이유는 명백하다. 학생에게 중재에 대하여 알려 주면, 학생은 무엇을 왜 하는지에 대하여 이해를 더 잘하기 때문이다. 이것이 특히 학생주도중재에서 중요한 이유는 중재의 효과가 중재를 사용하려는 학생의 의지 여하에 달려 있기 때문이다. 교사는 학생에게 선택된 특별한 표적행동을 위한 전략의 적절성에 대해 알려 주려고 노력해야 한다. 학생에게 표적행동과 자기주도 전략을 선택할 기회를 주는 것이 이상적인데, 바라는 변화와 중재에 대한 학생의 주인의식이 향상될 수 있기 때문이다. 말할 나위도 없이, 표적행동의 선택은 학생의 바람, 선호도, 요구 그리고 부모, 교사, 관련 직원과 또래의 의견에 근거하여야 한다. 이러한 선택에 근거하여 명시된 자기주도 전략(예, 자기교수, 자기점검)은 검증된 효과, 사용의 용이함, 그리고 당연히 학생의 선호도에 근거하여 제시되어야 한다. 특히 자기교수는 〈글상자 3-3〉에 적힌 장점이 강조되어야 한다.

자기교수에 관해서 한 가지 점을 강조해야 한다. 이전에 언급한 바와 같이, 자기교수는 자기 자신에게 말하는 것이 포함된다. 결과적으로, 소리 내어 말하는 것이 사회적으로 부정적인 결과(예, 이상하다는 듯이 쳐다보는 시선)를 받을 것이라고 인식한 학생들은 이 전략을 사용하려고 하지 않을 것이다. 이러한 상황이 야기된다면, 이 전략의 사용 여부에 대해 신중하게 고려하여야 한다. 그러나 학생이 다른 사람의 시선에도 불구하고 사용하려고 하면, 교사는 학생이 부정적인 사회적 인식을 받지 않도록 조용하게 또는 마음속으로 말하면서 자기교수를 하도록 할 수 있다.

[2단계: 교사가 소리 내어 말하면서 시범 보이기(인지적 모델링)]

이 단계는 표적행동과 그 행동을 가르치는 자기교수에 대하여 설명한다. 이 단계에서 교사가 표적행동을 소리 내어 말하면서 시범 보이면, 학생은 관찰한다. 예를 들면, 생물의 영양 단원에 있는 음식군을 배우고 있는 아비게일이라는 학생이 음식을 군에 따라 나누지 못한다. 이전에 그녀와 함께 일한 또래 교사가 아비게일을 도와주었다. 그러나 아비게일은 또래 교사와 상호작용을 하려고 하지 않았다. 그 이유는 그녀가 또래 교사에게 도움을 받기 위해 어떻게 무슨 말을 해야 할지 몰랐기 때문이었다. 그녀의 교사와 이 점에 대하여 토의한 후, 아비게일은 도움을 더 자주 요청해야 한다고 하였으나, 교사는 아비게일에게 자기교수가 도움이 될 것이라고 하였다. 교사는 이론적 근거에 대하여 설명을 한 후, 이러한 상황에 적절한 문제해결 전략을 시범 보였다. 여러 종류의 음식카드가 많이 있으면, 교사는 "잘 구별하지 못하겠다. 나는 어떤 음식을 어떤 군으로 분류해야 할지 모르겠다." 라고 말하였다. 그다음, 교사는 "타미에게 도와달라고 부탁할 것이다." 라고 말하였다. 그 후, 교사는 자기 자신에게 "나는 타미에게 질문할 것이다."라고 말하고, 타미에게 간다. 마지막으로, 그녀는 타미에게 "음식군으로 나누는 것을 도와줘."라고 말한다.

[3단계: 교사가 소리 내어 말하면, 학생이 수행하기(안내된 자기교수)]

2단계에서와 마찬가지로, 이 단계는 과제성취와 자기교수를 포함하고 있다. 그러나 3단계에서는 교사가 자기교수를 소리 내어 말하면, 학생은 그 과제를 수행한다. 이 단계에서 가정은 과제수행과 자기교수가 많은 학생에게 너무 어렵기 때문에 자기교수 단계를 점차적으로 줄여야 한다는 것이다. 예를 들면, 실비아는 중학생이다. 이 학교에 있는 많은 학생이 일정표를 사용하고, 실비아는 그러한 형식의 수첩을 사용하고 싶어 한다. 과제는 그녀가 매일 배운 내용교과목에 대한 논평을 하나 이상 쓰도록 하였다. 무엇-어디 전략을 사용하여, 교사는 소리 내어 "무엇을 해야 하지? 내가 배운 내용을 적자."라고 말한다. 그다음, 교사는 "수첩이 어디에 있지? 가방 주머니 안에 있다."라고 말한다. 이러한 자기교수를 한 다음, 실비아는 수업시간에 배운 내용을 적는다. 실비아가 일정표에 적도록 하기 위하여 촉구, 교수 및 피드백을 제공한다. 그녀가 적은 내용이 그날 배운 수업과 관련이 있는 한, 자신이 원하는 만큼 적도록 장려한다.

[4단계: 학생이 소리 내어 말하면서 수행하기(외현적 자기교수)]

이 단계에서는 학생에게 자기교수를 소리 내어 말하면서 표적행동을 반복해서 수행하도록 한다. 교사가 자기교수를 소리 내어 말하면서 수행하는 것을 관찰한 후, 이번에는 학생이 자기교수 절차를 처음부터 끝까지 연속해서 수행한다. 앞에서 제시한 예에서—아비게일은 또래에게 도움을 요청하도록 배웠고, 실비아는 일정표를 사용하도록 배웠다—학생은 소리 내어 말하면서 과제를 수행하도록 배웠다. 필요하다면 촉구, 강화 및 피드백을 제공한다.

학생이 소리 내어 말하면서 과제를 수행하는 것이 어렵다는 것을 알지만, 체계적인 교수와 고무적인 결과를 낼 수 있다는 확신과 함께 자기교수는 사용 가능성이 매우 높다고 가정한다. Hughes(1997)는 학생에게 자기교수를 가르치는 일관되고 체계적이며 직접적인 교수방법의 필요성을 충분히 강조하지 않았다고 하였다. 자기교수는 과제를 하는 데 필요한 반응을 배워야 할 뿐만 아니라 말로 표현해야만 한다. 앞에서 언급한 바와 같이, 이것은 많은 학생이 어려워하는 것이다. 결과적으로, 교수는 성공적인 결과를 보장할 수 있도록 가능한 한 정확하고 지원적이어야 한다. 과제 완수와 자기교수의 발화가 앞의 내용을 보장한다.

교사는 자기교수를 가르치는 데 사용되는 시간과 회기 수가 어느 정도 되는지 질문할 것이다. 자기교수를 가르치는 데 걸리는 시간은 표적행동과 연관된 자기교수의 특성 및 복잡성, 학생의 교수적 요구, 그리고 사용된 교수 절차의 정확성에 달려 있다. 자기교수를 적용한 많은 연구 중에서 30분짜리 회기 네 번을 적용한 연구도 있었다(Agran & Moore, 1994). 그러나 Hughes(1992)는 자기교수의 회기가 적어도 20회기는 되어야 한다고 하였다. 자기교수와 과제수행을 충분히 정착시키기 위하여, 교수는 평가 측정을 포함하면 충분하다. 〈글상자 3-8〉은 이 주제에 대한 또 다른 연구에 대하여 자세히 설명하고 있다.

글상자 3-8

언제 교사가 자기교수 수업을 종료하여야만 하는지에 대한 연구 결과

교사는 관련된 교수환경에서 학생의 수행능력에 근거하여 교수를 종료할 기준을 정할 필요가 있다. 학생이 자기교수 절차를 완전히 습득하고 변화된 행동을 계속 유지하면, 교사는 교수를 종료한다(Hughes, 1997).

[5단계: 학생이 마음속으로 말하면서 수행하기(내현적 자기교수)]

Meichenbaum과 Goodman(1971)에 따르면, 자기교수의 마지막 단계는 학생이 자기교수를 내현화하도록 가르치는 것이다. 내현화란 학생이 외현적 자기교수를 반복해서 수행할 수 있으면, 처음에는 학생에게 속삭이면서 자기교수를 수행하도록 하면서 시작한다. 다음에 학생은 마음속으로 말하면서 자기교수를 수행하도록 배운다. 그러나 최근 자기교수를 적용한 많은 연구는 이 단계를 포함하지 않은 것으로 보고되어야 한다(Hughes, 1997 참조). 그 이유는 학생이 내현적 자기교수를 하는 것을 교사가 관찰할 수 없기 때문이다. 대부분의 교사가 자신이 사용하고 있는 중재와 관찰된 행동 변화 간에 기능적인 관계 여부를 알고 싶어 한다는 것은 확실하다. 자기교수의 경우 교사는 학생이 과제를 시작하기 전부터 마칠 때까지 일관되게 자기교수를 하는지 알고 싶어 한다. 그러한 관계가 성립되면, 자기교수 전략의 효율성을 증명하는 것이다. 이와 관련하여, 학생이—들리게 또는 적어도 입술 움직임을 통해—자기교수를 사용하는지 여부를 확인할 수 있어야만 자기교수가 사용되었다고 보장할 수 있다.

그러나 이러한 사실을 확인할 수 없다고 하더라도, 교사가 학생이 계속 자기교수를 할 것이라는 확신이 있으면, 5단계를 교수 절차에 포함시키도록 추천할 수도 있다. 절충안으로, Hughes(1997)는 학생이 교사와 있는 경우에는 외현적 자기교수를 하고, 다른 사람과 함께 있는 경우에는 내현적 자기교수를 하도록 추천하였다. 일반적인 상황에서 이해 당사자(예, 학생, 또래, 직원)가 소리 내어 말하면서 자기교수를 하여도 무방하다고 결정하면, 잠재적인 문제는 해결될 것이다. 그러나 이해 당사자가 학생이 외현적 자기교수를 하는 데 이의를 제기한다면, 학생에게 내현적 자기교수를 사용하도록 추천한다. 어떠한 경우에도 학생에게 가능한 한 비강제적인 방법으로 가르쳐야 한다.

학생이 자기교수를 사용하고 있다는 것을 증명하기 위하여, 교사는 다음과 같은 방법 중 하나를 사용할 것이다. 첫째, 다른 교사, 보조원, 또는 또래가 그 학생이 자기교수 하는 것을 관찰하였다면, 교사는 그 사람에게 질문하여야 한다. 둘째, 학생에게 자기교수에 대한 질문을 한다. 이것은 간접적이지만 잠재적으로 유용한 측정이다.

일반화

모든 학생에게 중요한 목표는 한 환경에서 배운 기술을 새로운 상황, 새로운 과제, 또는 시간이 지나도 계속 사용하도록 하는 것이다. 많은 장애학생에게 습득한 기술을 일반화할 수 있도록 특별히 가르쳐야만 그 기술을 일반화할 수 있다. 즉, 교사는 다른 여러 환경에서도 단서를 제공하여 이러한 학생이 새로운 환경에서 연습할 수 있는 기회를 제공하여야 한다. 예를 들어, 학생이 모든 내용교과 수업을 시작할 때 또래와 대화하도록 배웠다면, 교사는 모든 내용교과 수업을 시작할 때마다 학생이 대화를 하도록 단서를 주어야 한다.

그러나 교사가 없거나 너무 눈에 띄면 어떻게 될까? 학생이 사용할 기술을 배우지 못하였다면, 누가 필요한 단서를 제공할까? 자기교수를 사용한다면, 단서를 제공하는 사람은 학생 자신이다. 자기교수는 '일시적인 언어 사용 휴대장비'를 의미하기 때문에, 그것은 언제 어디서나 사용될 수 있다. 학생에게 반응의 일반화를 촉진하는 데 도움이 될 수 있는 추천사항을 제시하면 다음과 같다.

- 추천 1: 우선, 자기교수를 가르칠 때 학생이 배워야 하는 다양한 유형의 예를 많이 제공한다. 또한 여러 환경에서 자기교수 훈련을 제공한다. 예를 들면, 학생에게 인터넷을 검색하도록 가르치기 위하여, 교사는 학생이 교실 및 학교 도서관에 있는 컴퓨터로 인터넷 검색하는 단계를 자기교수 하도록 가르칠 수 있다. 과제를 약간 다르게 하여(두 가지 환경에 있는 컴퓨터가 동일하지 않다) 다른 환경(교실과 학교 도서관)에서 가르치면, 학생은 새로운 환경—예를 들면, 학교 컴퓨터실 또는 자기 집에 있는 컴퓨터를 사용할 때—에서도 새로운 기술을 잘 사용할 수 있을 것이다.

- 추천 2: 각각의 다른 교수환경에서 동일한 또는 유사한 단서를 사용한다. 다양한 교수환경에서 유사한 단서를 사용하는 것을 공통적인 자극들로 프로그램을 작성하는 것이라고 한다. 이 교수전략을 사용하면, 학생이 다양한 상황에서 자기교수를 할 가능성을 증가시킨다.
- 추천 3: 마지막으로, 학생이 학교에 있는 동안 자기교수를 사용하도록 자주 상기시킨다. 적절하다면, 학생이 자기교수를 사용하는 것을 칭찬하는 것이 가장 중요하다. 이러한 칭찬은 결과적으로 학생에게 다양한 환경에서 자기교수 전략을 연습할 수 있는 기회를 제공할 뿐 아니라 성인에게 의지하지 않고 스스로 과제를 수행하도록 한다. 학생이 자기교수를 사용하면 결과가 좋다는 사실을 깨닫는다면, 그 학생은 자기교수를 계속 사용할 것이다.

〈글상자 3-9〉는 주의를 집중시키기 위하여 자기교수를 사용하는 중학생 샘에 대한 이야기다. 〈글상자 3-10〉은 학생들이 자기교수를 사용하여 어떻게 기술을 사람, 상황, 과제 시간에 일반화하는지에 대한 연구다.

글상자 3-9

중학생 샘에게 표적행동 수행 여부를 자기점검 하도록 가르친 예

샘은 중학생이다. 많은 내용교과 교사는 수업시간에 샘이 똑바로 앉지도 않고, 교사나 다른 학생을 보는 일도 없을 뿐 아니라, 자신에게 한 말을 거의 인식하지 못한다고 하였다. 특수교사는 샘에게 이러한 행동을 하지 않도록 계속해서 주의를 상기시키는 것보다, 자기교수를 사용하도록 가르치는 것이 더 효과적이라고 생각하였다. 특수교사는 샘이 문제해결 전략을 자기교수 하여 스스로 똑바로 앉아서, 교사를 보고, 교사가 한 말을 듣도록 가르쳤다.

샘이 자기교수를 배우자마자 그의 행동은 급격하게 변화하였고, 결과적으로 중재는 매우 성공적이었다. 그러나 특수교사는 다른 학생이 이러한 자기교수를 부정적으로 인식할 우려가 있다고 염려하였다. 교사는 자기교수가 샘에게 유익한 전략이라고 믿었고, 샘은 자기교수가 자신이 할 일을 상기시켜 준다고 말하였다. 샘의 자기교수 사용 여부를 증명하기 위하여 특수교사는 샘에게 모든 수업시간에 각각의 자기교수 단계를 스스로 점검하도록 하였다. 특수교사는 샘이 자기교수 하는 것을 직접 관찰할 수는 없지만, 샘이 각각의 자기교수 단계 수행 여부를 기록할 수 있다면 그가 자기교수를 수행한다고 추론할 수 있기 때문이다. 샘은 자기교수 단계를 한 후 자기점검 기록지에 체크 표시를 하였다. 샘의 자기교수 사용 여부에 대한 자기점검 결과는 샘이 자기교수를 수행한다는 사실을 증명하였다.

글상자 3-10

장애학생이 자기교수를 사용하여 어떻게 기술을 일반화(사람, 상황, 과제, 시간)하는지에 대한 연구

Hughes(1991)는 정신지체인이 자기교수를 사용하여 어떻게 기술을 일반화(사람, 상황, 과제, 시간)하는지에 대하여 연구하였다. 이 주제에 대한 연구를 검토한 후, Hughes는 다음과 같은 요소가 자기교수 훈련에 포함되었을 때, 개인은 자기교수를 통해 배운 기술을 일반화할 수 있다고 하였다.

- 충분한 예를 가르친다. 개인이 배워서 사용해야 하는 과제 또는 반응에 대한 몇 가지 대표적인 예를 선택하여 자기교수 훈련을 시킨다. 학생이 배우는 모든 내용교과 수업에서 사용하도록 가르치고 싶으면, 모든 내용교과 수업과 관련된 예에 대해 자기교수 훈련을 제공한다.
- 일반적인 자극으로 프로그램을 만든다. 훈련 및 일반화 환경에서 동일하거나 유사한 단서를 사용한다. 훈련에 사용되는 단서가 일반교육환경에서 사용되는 단서와 동일한지 확인한다.
- 일반화 중재를 한다. 개인에게 훈련 및 일반화 환경에서 동시에 사용할 수 있는 언어단서를 가르친다. 앞에서 언급한 바와 같이, 교실환경은 '언어' 환경이다. 즉, 학교에서의 수행은 대부분 교사-학생 및 학생-학생 간 언어적 상호작용에 의해 이루어진다. 자기교수는 학생이 주도한다는 점을 제외하고 동일한 기능을 한다. 그 자체로, 학생은 자신의 행동을 스스로 가르치도록 배울 수 있다.

자기학습

이전에 언급한 바와 같이, 모든 사람은 어느 정도 자기교수를 사용한다. 우리는 배워야 할 수와 연산을 반복해서 하고, 사용하여야 할 중요한 대화를 연습하며, 정한 시간 내에 마쳐야 할 활동을 기억하도록 상기시킨다. 그러나 우리는 자신에게 하는 대부분의 말을 소리 내어 하지는 않는다. 인간은 자신이 하는 말을 들을 수 있는 유일한 동물임에도 말이다. 그러나 때로 우리는 자신이 하는 말을 들을 수 있고, 우리가 자신에게 소리 내어 말하고 있다는 것을 인식하고 있다. 자기교수의 가치는 심리학 및 교육 분야 연구 문헌에서 증명되어 왔다. 자기교수는 우리에게 문제해결, 정보 처리 및 종합, 행동 통제를 하게 한다. 자기교수는 우리가 과제 또는 하고 싶은 활동을 하는 데 필요한 언어단서와 촉구를 스스로 제공하도록 하는 인지전략이다. 그러나 많은 장애학생이 사용하지 않는 전략일 뿐 아니라, 자기교수의 장점에도 불구하고 거의 가르치지 않는 전략이다.

이 장에서 논의한 것과 같이, 언어 사용에 문제가 있는 많은 장애학생—특히 중증장애 학생—도 자기교수를 사용하여 혜택을 받을 수 있지만, 어떤 교사는 여전히 이러한 사실을 믿지 않고 있다(Agran & Moore, 1994; Agran & Wehmeyer, 1999; Hughes & Carter, 2000 참조). 1장에서 언급한 것과 같이, 학생에게 자기주도학습 전략—이 장의 경우에는 자기교수—을 사용하도록 가르침으로써 학생의 일반교육과정 접근을 촉진하고, 할 수 있는 것에 대한 학생의 기대뿐 아니라 학생을 가르치는 교사의 기대도 변화되기를 바란다. 좋은 출발점은 교사가 스스로 학생에게 자기교수를 가르치겠다고 결심하는 것이다. 이렇게 함으로써 학생이 자기 자신의 학습에 적극적인 역할을 할 수 있다고 인정하게 된다. 즉, 학생은 자기 자신을 가르칠 수 있다. 이것은 다른 사람(교사, 보조교사, 또래)의 지시를 기다리기보다는 학생 스스로 자신의 학습을 관리하도록 하는 것이다.

chapter 4

자기점검

❒ **학생 스냅숏**

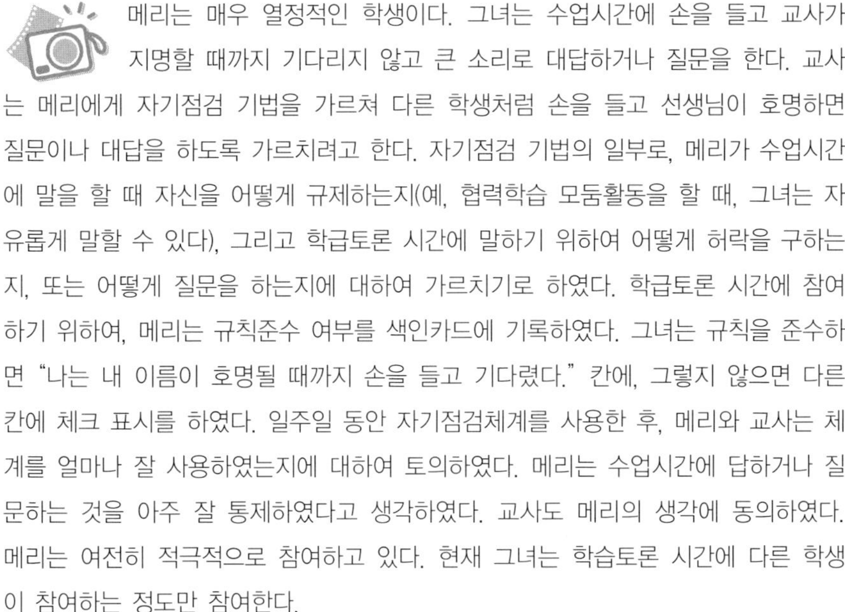

메리는 매우 열정적인 학생이다. 그녀는 수업시간에 손을 들고 교사가 지명할 때까지 기다리지 않고 큰 소리로 대답하거나 질문을 한다. 교사는 메리에게 자기점검 기법을 가르쳐 다른 학생처럼 손을 들고 선생님이 호명하면 질문이나 대답을 하도록 가르치려고 한다. 자기점검 기법의 일부로, 메리가 수업시간에 말을 할 때 자신을 어떻게 규제하는지(예, 협력학습 모둠활동을 할 때, 그녀는 자유롭게 말할 수 있다), 그리고 학급토론 시간에 말하기 위하여 어떻게 허락을 구하는지, 또는 어떻게 질문을 하는지에 대하여 가르치기로 하였다. 학급토론 시간에 참여하기 위하여, 메리는 규칙준수 여부를 색인카드에 기록하였다. 그녀는 규칙을 준수하면 "나는 내 이름이 호명될 때까지 손을 들고 기다렸다." 칸에, 그렇지 않으면 다른 칸에 체크 표시를 하였다. 일주일 동안 자기점검체계를 사용한 후, 메리와 교사는 체계를 얼마나 잘 사용하였는지에 대하여 토의하였다. 메리는 수업시간에 답하거나 질문하는 것을 아주 잘 통제하였다고 생각하였다. 교사도 메리의 생각에 동의하였다. 메리는 여전히 적극적으로 참여하고 있다. 현재 그녀는 학습토론 시간에 다른 학생이 참여하는 정도만 참여한다.

선행단서 조절 및 자기교수와 함께, 학생이 배울 수 있는 세 번째 학생주도 학습 전략은 자기점검이다. 자기점검은 학생에게 표적행동을 수행하였는지, 그리고 수행한 행동이 설정된 기준에 일치하는지에 대하여 관찰하게 한다. 일반적으로 자기점검은 학생이 할 수 있는 과제, 행동, 과정, 또는 학생이 하고 있다는 사실을 자신이 인식하고 있는 행동에 초점을 맞춘다. 자기점검은 학생이 특정한 행동을 얼마나 많이(또는 적게) 하는지 점검하는 데 사용될 수도 있다. 일반적으로 자기점검에는 일련의 검목표 또는 득점 기록표, 청각단서(예, 차임벨 소리, 시계 소리, 교사 지시)를 제공하는 도구가 사용된다.

다음은 자기점검에 대한 예로, 자기 자신에게 하는 질문 또는 문장 형식으로 제시되었다.

- 현재 나는 과제를 수행하고 있는가? 예 또는 아니요.
- 나는 문제를 끝마칠 때마다 자기점검표에 체크 표시를 한다.
- 나는 공유하였나? 예 또는 아니요.
- 나는 과제를 마쳤나? 예 또는 아니요.
- 나의 행동이 좋았나 아니면 나빴나? 좋았다면 웃는 얼굴, 나빴다면 찡그린 얼굴에 동그라미를 치시오.
- 나는 수업 준비를 하였나? 검토해 보자—나는 연필, 종이 그리고 책을 가지고 있다. 지금 나는 나의 작업 기록지에 각각 체크 표시를 한다. 예—모든 항목에 체크가 되어 있다. 나는 이 수업을 준비하였다.
- 나는 오늘 숙제를 가져와서 숙제를 놓는 장소에 놓아두었나? 여기 나의 숙제가 있다. 나는 숙제를 놓는 장소에 둔 다음, 숙제를 마쳐서 제출하였고 색인카드에 체크해야 한다.

〈글상자 4-1〉은 자기점검 기법을 사용하여 자폐장애 학생의 적절한 행동을 강화하기 위해 수행된 연구에 대하여 설명하고 있다. 교사 역시 학생이 이미 수행할 수 있는 과제, 행동, 또는 과정에 대한 자기관리 도구로서 자기점검을 사용하도록 가르칠 수 있다. 예를 들면, 학생이 자습시간에 공부를 열심히 할 때도 있고 그렇지 않을 때도 있다. 또는 교사가 질문을 하면, 학생이 말 또는 행동으로 대답을 할 때도 있고 그렇지 않을 때도 있다. 자기점검은 일관성이 없는 학생에게 바람직한 행동과 반응을 일관성 있게 하도록 하는데 매우 효과적인 기법이다. 또한 자기점검은 일관되고 바람직한 반응에 대한 책임을 학생의 행동을 감독하던 성인 또는 다른 사람(예, 가족 구성원, 또래)이 아니라 학생 스스로 지게 한다.

이러한 예와 같이, 교사가 학생에게 자기점검을 가르치는 목적은 학생이 스스로 자기점검을 사용하여 표적행동을 증가(약간의 경우에는 감소)시킬 수 있도록 하기 위한 것이다. 각각의 예는 학생이 이미 할 수 있는 기술을 나타낸다. 학생이 표적행동을 수행할 수 없으면, 그 학생에게 표적행동을 수행할

글상자 4-1

자기점검이 자폐장애 학생의 적절한 놀이행동에 효과적이라고 보고한 연구 결과

Stahmer와 Schreibman(1992)은 놀이시간에 상동행동과 부적절한 행동을 하는 7세에서 13세 자폐장애 학생 세 명에 대하여 연구하였다. 학생은 적절한 놀이행동을 증가시키기 위하여 자기점검을 배웠다. 정한 시간이 되어 손목시계의 알람이 울리면, 학생은 자신에게 "나는 친구들과 잘 놀았는가?"라고 질문을 하도록 배웠다. 학생이 잘 놀았으면, 자기점검표에 적힌 '예'란에 체크 표시를 하였다. 처음에는 학생이 체크 표시를 한 후, 즉시 강화물(예, 장난감, 스티커)을 받았으나, 궁극적으로 학생은 스스로 강화를 할 수 있었다. 중재를 마친 후, 모든 학생의 적절한 행동은 증가하였을 뿐 아니라 상동행동은 감소하였다. 이러한 행동의 변화가 잘 유지되거나 일반화되지는 않았지만, 한 명의 학생은 앞으로 좋아질 가능성이 많았다. 중재 효과를 일반화하기 위해서는 추후 훈련이 필요하였다.

수 있도록 가르치는 데 초점을 맞추어야 한다. 따라서 자기점검 교수가 학생의 요구에 '적합성' 여부를 결정하는 중요한 출발점은 학생이 행동을 수행할 수 있는지 여부를 관찰하는 것이다.

다음의 독백은 학생에게 자기점검을 가르치기에 적절한 상황을 나타내고 있다.

- "학생이 교실에 들어올 때, 나는 종종 학생에게 ______을 상기시켜 왔다. 이제 학생 스스로 이것을 하는 것 같다."
- "내가 교실에 있으면, 조슈아는 ______을 매우 잘한다. 그러나 내가 교실을 나가면, 조슈아는 잘하지 않는다."
- "게리는 ______을 할 줄 안다. 그러나 게리는 그것을 할 때도 있고 하지 않을 때도 있다."

❐ 학생 스냅숏

많은 학생이 베르트가 가르치는 과학 수업(특히 4교시)을 수강하고 있고, 학생의 수준은 매우 다양하다. 베르트에 따르면, 어떤 학생은 대부분의 수업시간에 내용에 따라 조직화하여 노트 정리를 잘하지만, 어떤 학생은 그렇지 않았다. 그래서 베르트는 두 가지 기법을 사용하여 학생이 노트를 조직화하여 정리하도록 가르치기로 하였다. 이미 노트를 정리하는 방법을 아는 학생은 자기점검 기법을 사용하도록 가르쳤다. 그 학생은 정리한 노트를 영역별로 스스로 점검할 수 있는 검목표를 받았다. 학생은 매일 다음에 제시된 주요 문장에 대답하였다.

- 내 노트 필기는 영역에 따라 구성되어 있다. [예 또는 아니요]
- 숙제를 다 하였다. [예 또는 아니요]
- 수업시간에 영역에 따라 노트 필기를 하였다. [예 또는 아니요]
- 필요한 내용을 노트에서 쉽게 찾을 수 있다. [예 또는 아니요]

베르트는 노트를 정리하는 방법을 모르는 학생에게 이 방법에 대한 수업을 몇 번 짧게 하였다. 학생이 노트를 조직화하여 정리하는 방법을 습득한 후, 그 학생은 조직화하여 노트를 정리하기 위하여 자기점검 검목표를 사용하였다. 만약 학생에게 조직화하여 노트를 정리하도록 가르치지 않고 자기점검을 하라고 하였다면, 이 학생은 좌절하였을 것이다. 노트를 영역에 따라 잘 구성하여 사용할 줄 아는 학생만이 자신의 노트가 잘 조직화되어 있는지에 대해 자기점검을 할 수 있다.

학생의 자기점검 능력은 모든 환경에서 중요하지만 통합환경에서는 특히 더 중요하다. Agran과 Alper(2000)는 일반교사와 특수교사에게 장애학생이 통합교육을 받기 위해 가장 필요한 기술에 대하여 설문조사를 한 결과, 대부분의 교사는 자기결정/자기관리 기술이라고 대답하였다. 그 이유는 장애학생이 자기점검을 하지 못한다면, 다른 사람(예, 일반교사, 특수교사)이 학생이 해야 할 과제를 대신 해야 하기 때문이다. 〈글상자 4-2〉는 교사가 학생에게 도움을 많이 주는 것이 항상 좋은 것은 아니라는 것을 보여 주고 있다.

글상자 4-2

통합학급 관찰을 통하여 자기점검이 어떻게 사용될 수 있는지에 대한 아이디어를 제공한 예(Margaret E. King-Sears에 의해 제공되었다)

나는 3학년 통합학급을 관찰할 기회를 가져 매우 들떠 있었다. 나는 지난 9월부터 두 명의 선생님과 함께 통합학급에서 학생들을 가르쳐 왔고, 11월에는 학급 학생이 중도발달장애 또래와 함께 활동을 잘한다고 들었다. 나는 아침 등교시간에 관찰하였고, 많은 또래가 장애학생에게 인사하고 도와주는 것을 보았다. 나는 이것이 좋다고 생각했고, 더 주의 깊게 관찰하였다. 한 학생은 장애학생의 외투와 가방을 제자리에 갖다 놓았고, 다른 학생은 그녀에게 점심을 주문하기 위해 줄을 서라고 상기시켜 주었으며, 또 다른 학생은 책상 위에 있는 걸상을 내려 주어 장애학생이 걸상에 앉아 아침 일과를 할 수 있도록 준비해 주었다. 나는 다른 학생이 해 주는 과제 중에서 그 학생이 스스로 할 수 있는 과제가 얼마나 될까 하는 의문이 생겼다. 그녀가 스스로 할 수 있도록 배워야 하는 것을 친구들이 도와주고 있지는 않은가? 나는 나중에 교사와 자기점검 기법에 대하여 이야기하기로 하였다. 이 학생의 통합은 매우 잘 이루어지고 있지만, 그녀가 학교에 와서 해야 할 일상적인 과제를 스스로 수행해야 할 때라고 생각하였다. 나는 이 학생이 학교에 있는 동안 자기점검을 할 수 있는 과제가 더 있는지 궁금하였다.

자기점검은 학생의 다양한 행동에 효과적이다. 다음에서는 학생의 행동에 대한 자기점검의 사용 여부를 결정하기 위한 몇 가지 규칙을 살펴본다. 그다음, 교사가 자기점검체계를 개발하여 학생에게 자기점검 사용법을 가르치는 데 사용할 수 있는 기본 틀을 다룬다. 또한 자기점검이 바람직한 영향을 주었는지 여부를 결정하기 위해 데이터를 수집하는 몇 가지 방법에 대해서도 살펴본다.

언제 자기점검을 사용하나

자기점검은 학생이 과제 또는 행동을 수행할 수 있도록 배운 후 사용하기에 적절한 전략으로, 일관되고 정확한 행동 수행에 초점을 맞추고 있다. 다시 말하면, 학생이 이미 바람직한 행동을 습득하였기 때문에, 교수 초점이 기술 습득에서 학생이 그 행동을 더 잘 수행(예, 그 학생은 그 행동을 거침없이 한다)하거나 유지(예, 다음 단계의 기술을 가르치고 있지만, 학생은 이전 단계에서 배운 기술을 잘 수행하고 있다)하는 데 있다. 또한 자기점검은 학생에게 효과적으로 동기를 제공하는 도구가 될 수 있다(Evans, 1999; Moxley, 1998). 교사는 한 영역의 행동(예, 과제수행 행동)이나 한 영역에 있는 특정한 행동(예, 정시에 과제 시작하기)을 표적행동으로 할 수 있다. 몇몇의 연구자는 '중심축 행동(여러 행동 또는 상황에서 사용되는 행동)' 또는 가장 '파급' 또는 '반응' 효과가 클 것 같은 행동을 목표로 삼는 데 초점을 맞추고 있다. 즉, 장애학생이 자기점검을 사용하여 하나의 행동이 향상되면, 배우지 않은 다른 행동도 향상되는 파급효과가 있다는 것이다(Ferretti, Cavalier, Murphy, & Murphy, 1993; Koegel, Koegel, Harrower, & Carter, 1999). 예를 들면, 쉽게 주의가 산만해지는 학습장애 학생이 있다고 생각해 보자. 그녀는 자기점검을 사용하여 과제수행 행동을 증가시킬 수 있다("나는 지금 과제를 하고 있는가?"). 과제수행 시간이 증가하면, 결과적으로 ① 과제이탈 행동이 감소하고, ② 과제 생산성(work productivity)과 완성도(completion)가 증가하며, ③ 생산성(productivity)이 증가하기 때문에 성적이 향상된다.

또는 자신이 교실에서 하는 행동의 적절성 여부를 결정하기 위해 자기점검을 배우고 있는 자폐장애 학생을 생각해 보자("현재 나의 행동은 적절한가, 아니면 적절하지 않은가?"). 이 학생의 적절한 행동이 증가하면, 결과적으로 또래와의 상호작용의 질, 또래와의 사회적 상호작용의 횟수, 그리고 궁극적으로 더 자연적인 강화물을 받을 수 있는 기회를 증가시킬 것이다. 이러한 예는 교사가 매우 바라는 것이다. 교사가 일련의 행동에 영향을 미치는 하나의 중재를 설계하고 실행할 수 있다면, 교사는 모든 학생을 위한 중재를 설계할 필요가 없다.

교사가 자기점검을 사용하려고 생각할 때 흔히 하는 질문은 학생이 자기점검을 얼마나 정직하게 또는 정확하게 사용할 수 있는가 하는 것이다. 모든 학생이 자기점검을 하는 동안 정직하게 말하지 않는 것도 사실이다. 그러나 자기점검을 정확하게 또는 정직하게 사용하지 않은 학생에게도 바람직한 행동이 증가한다는 사실은 매우 흥미로운 일이다(Reinecke, Newman, & Meinberg, 1999). 즉, 학생의 기록이 정확하지 않아도 긍정적인 영향을 미친다. 대다수의 연구자는 자기점검을 하는 활동 그 자체가 결과를 강화한다고 믿는다. 그렇지만 교육자는 교사가 자기점검 교수에 대한 정확성 검사를 하는 것이 도움이 된다는 것을 알게 될 것이다. 교사는 초기에 자기점검에 대한 정확성 검사를 자주 하지만, 학생이 자기점검을 사용하는 데 익숙해지면, 점차 이 검사를 사용하지 않도록 계획하여야 한다.

개별화교육프로그램(IEP) 내용은 교사가 자기점검을 하기 위한 표적행동을 정하는 데 도움이 된다. 예를 들면, 학생의 IEP 내용은 학생이 자조, 과제 완수, 또는 조직화 기술과 같은 행동 영역에 대한 능력을 길러야 한다고 알려 준다. 학생이 먼저 이러한 기술(예, 습득)을 수행하는 방법을 배우면, 앞에서 언급한 대로 교수의 초점을 습득한 기술의 유창성과 유지로 변경한다.

다음은 학생을 위한 자기점검 교수에 필요한 네 가지 일반적인 지표다.

① 학생은 교사 또는 또래의 지시에 따라 어떻게 기술을 수행하는지 알고, 다음 단계는 학생이 스스로 그 기술을 능숙하게 수행한다. 자기점검은 자주성과 숙달을 촉진시키고, 이것은 여러 영역에서 가르치기 위한 논리적인 다음 단계다.

② 목표로 정한 기술은 학생의 IEP 또는 IEP 내용에 포함되어 있어야 한

다. 어떤 IEP 내용은 '스스로' 또는 '교사의 지도 없이'와 같은 단어를 포함하고 있다. 혹은 IEP는 학생이 자신의 행동을 통제하는 것을 의미하는 단어를 포함하고 있다. 자기점검은 학생의 자주성과 통제 능력을 향상시키기 때문에 이러한 영역에 있는 IEP 목표를 성취하는 데 사용될 수 있다.

③ 부모나 학교 직원은 목표로 정한 기술이 자기점검 교수시간을 할애할 만큼 중요하다는 것에 동의하여야 한다. 한시적으로 자기점검을 잘하도록 가르치는 데 시간이 걸린다는 것을 적어 놓는 것이 중요하다. 그러나 장기적으로 자기점검 기법을 배우면, 학생이 더 많은 영역에서 더 자주적이고 능숙하게 될 수 있다.

④ 학생이 여러 환경에서 사용할 수 있는 기술을 표적행동으로 정한다. 예를 들면, 학생이 한 환경에서 자기점검을 사용하여 과제수행 행동을 향상시켰다면, 그 학생은 다른 환경(예, 학교, 직장, 집)에서도 그 행동이 향상될 것이다.

〈글상자 4-3〉은 다른 유형의 장애학생들이 자기점검 기술을 습득하여 어떻게 혜택을 받았는지에 대하여 설명한 연구다.

글상자 4-3

자기점검이 학생들의 새로운 기술 습득에 효과적이었음을 발표한 연구

교실에서 자기교수가 학생들에게 효과적이라고 보고한 네 편의 연구가 제시되었다.

- McDougall과 Brady(2001)는 자기점검이 초등학교 행동장애 학생들의 과제수행 시간과 단어시험 점수에 효과적이라고 발표하였다.
- 중증장애 중학생들이 또래로부터 일반교실에서 수업에 참여하는 방법을

배웠다(Gilberts, Agran, Hughes, & Wehmeyer, 2001). 자기점검 훈련을 받는 동안에 이 학생들의 적절한 수업참여 행동은 증가하였고, 훈련을 마친 후에도 그 행동이 유지되었다.

- 과제수행 행동에 대하여 자기점검을 한 초등학교 중도정신지체 학생들의 직업 전 과제에 대한 생산성이 증가하였고, 그 후 교사는 점차 토큰경제체계를 소거하였다(Hughes & Boyle, 1991).
- 자폐장애 학생들은 식사 준비하기, 점심 만들기, 옷 입기와 같은 일상생활 기술을 스스로 하기 위하여 그림단서를 사용하여 자기점검을 하였다.

자기점검 개발 및 교수를 위한 체계

여기서는 교사가 학생을 위해 자기점검 교수의 개발, 사용 및 효과에 대하여 평가할 수 있도록 하기 위하여 King-Sears와 Carpenter(1997), 그리고 King-Sears(1999)가 개발한 네 시기 체계를 제시한다. 두문자어 SPIN으로 제시된 각각의 시기마다 교사가 해야 할 구체적인 과제를 확인할 수 있다([그림 4-1] 참조).

SPIN: 자기관리 설계와 수행 시기
시기 I: 자기점검을 해야 할 행동을 선택(Select)한다.
• 변화되어야 할 행동을 선택하고 정의한다. • 행동의 현재 수행능력을 측정한다. • 성취 기준을 정한다.
시기 II: 자기점검을 가르칠 준비(Prepare)를 한다
• 자기점검 절차의 유형을 결정한다. • 자기점검체계를 개발한다.
시기 III: 학생이 10단계 과정을 사용하도록 가르친다(Instract).

- 표적행동을 소개한다.
- 자기점검 절차를 소개한다.
- 자기점검을 가르치고 성취도를 평가한다.

시기 IV: 학생의 장 · 단기 수행에 대하여 적는다(Note).

- 행동의 단기수행을 평가한다.
- 자기점검체계를 계속해서 사용하고 있는지(유지)에 대하여 평가한다.
- 일반화를 계획한다.

그림 4-1 자기관리 설계와 수행 시기

출처: King-Sears, M. E., & Carpenter, S. L. (1997). *Teaching self-management to elementary students with developmental disabilities*. Washington, DC: American Association on Mental Retardation; adapted by permission.

SPIN 과정

시기 I: 자기점검을 해야 할 행동을 선택(Select)한다

첫 번째 시기 동안, 교사는 염려하는 행동을 파악하고, 학생이 현재 그 행동을 얼마나 잘하고 있는지 결정한다. 본래 교사는 자기점검이 학생의 행동에 바람직한 영향을 주었는지 여부를 평가하기 위하여 사용되는 기초선 데이터를 수집한다. 데이터는 교사가 표적행동의 발생 횟수를 세는 사건기록법, 지속시간기록법, 반응지연시간기록법, 또는 영속적 산물 기록법(예, 작문 숙제)을 사용하여 수집할 수 있다.

학생의 초기 표적행동 수행은 자기점검 도구를 사용하는 동안 그 학생의 수행을 측정하는 데 중요한 결정요인이다. 처음에 교사가 표적행동을 측정하기 위해 사용한 방법이 어느 것이든 자기점검 교수를 하는 동안 그리고 가르친 후에도 계속 사용된다.

〈글상자 4-4〉는 어떻게 학생의 행동(예, 허락 없이 자리이탈)을 표적행동으로 정하였으며, 데이터 수집과 시간 단서의 사용을 통해 그 행동이 감소되었는지에 대한 연구를 설명하고 있다.

글상자 4-4

청각단서를 제공하여 정신지체 학생의 자리이탈 행동을 감소시킨 연구 결과

Sugai와 Rowe(1984)는 15세 중도정신지체 학생의 수업시간 자리이탈 행동을 감소시키기 위한 연구를 하였다. 연구자는 4시간 주기를 10분 간격으로 나누고, 매 10분마다 타이머가 울리면 교사와 학생이 자리이탈 여부를 기록하도록 하였다. 자리이탈은 '○' 또는 착석행동은 '×'로 기록하였을 때(예, 이 시간 동안 나는 자리에 앉아 있었는가?), 그 학생의 착석행동이 증가하였다. 착석행동이 증가한 지 9주 후에 시간 간격을 늘렸다. 10주째에는 시간 간격을 13분, 그다음 주에는 18분으로 늘렸다. 시간 간격을 늘렸지만, 교사는 계속 10분 간격으로 데이터를 수집하였고, 그 결과 일관성 있게 데이터 수집을 할 수 있었다.

시기 II: 자기점검을 가르칠 준비(Prepare)를 한다

두 번째 시기 동안, 교사는 자기점검을 가르칠 수업계획을 개발하고 자료를 수집한다. 수업계획을 안내하고 필요한 자료를 측정하기 위하여, 교사는 학생에게 자기점검 사용 방법을 가르치는 데 사용할 10단계 교수 순서로 특징지어지는 다음 시기인 교수 시기에 대하여 알아본다. 교사는 10단계를 가르치기 위한 준비를 하는 동안에도 학생의 행동을 계속해서 관찰하여야 한다.

시기 III: 학생이 10단계 과정을 사용하도록 가르친다(Instruct)

10단계로 이루어진 이 과정은 다음과 같은 세 부분으로 구성되어 있다([그림 4-2] 참조).

- 자기점검을 할 행동을 소개하고 연습한다(1~3단계).
- 자기점검 도구와 기록 절차를 소개한다(4~5단계).
- 역할놀이를 통해 자기점검을 연습하고, 역할놀이 환경에서 성취도를 평가한 후, 자연적인 환경에서 성취도를 평가한다(6~10단계).

학생에게 자기점검을 가르치기 위한 10단계 교수과정
자기점검 할 행동 소개하기
① 바람직한 행동을 선택하고, 예와 예가 아닌 것을 시범 보이기 ② 바람직한 행동의 혜택에 대해 토의하기 ③ 바람직한 행동을 연습할 기회를 제공하고, 성취 기준을 제시하기
학생이 사용할 자기점검 도구 소개하기
④ 학생이 사용할 자기점검 질차와 자료를 설명하고, 자기점검 사용에 대한 혜택을 파악하기 ⑤ 바람직한 행동을 수행하면서 자기점검 과정을 시범 보이기
연습 기회 제공과 성취도 평가하기
⑥ 자기점검을 사용하도록 안내된 연습 제공, 바람직한 행동 역할극 하기 ⑦ 역할극을 통해 학생의 자기점검 성취도 평가하기 ⑧ 자기점검이 사용될 실제 상황에 대해 토의하기 ⑨ 실제 상황에서 스스로 연습할 기회 제공하기 ⑩ 실제 상황에서 학생의 자기점검 성취도 평가하기

그림 4-2 학생에게 자기점검을 가르치기 위한 10단계 교수과정

출처: King-Sears, M. E., & Carpenter, S. L. (1997). *Teaching self-management to elementary students with developmental disabilities* (p. 25). Washington, DC: American Association on Mental Retardation; adapted by permission.

이 과정은 시기 IV를 설명한 후에 더 자세히 살펴본다.

시기 IV: 학생의 장 · 단기 수행에 대하여 적는다(Note)

네 번째 시기에 교사는 자기점검 교수가 표적행동에 미친 긍정적인 영향이 얼마나 되는지 결정한다. 이 시기에 긍정적인 영향이 얼마나 유지되고 일반화되었는지에 대한 효과도 측정한다. 사용된 교수가 표적행동을 예측할 수 있고 일관성 있게 변화시켰다고 신뢰할 만한 증거가 있어야만, 교사는 자기점검 교수가 학생의 수행을 확실히 변화시킨다는 확신을 갖는다.

10단계 교수과정

자기점검 할 행동 소개하기

10단계 교수과정의 1단계에서 3단계까지 교사는 학생이 자기점검 할 구체적인 행동을 파악하지만, 자기점검 도구를 아직 사용하지 않는다. 초점은 처음에는 행동을 명명하고, 표적행동의 구체적인 예와 예가 아닌 것을 시범 보이는 것이다. 다음 단계는 역할놀이에 자기점검 도구(예, 과제수행 행동에 대한 색인카드에 기록, 개별 과제를 성공적으로 마치면 병에 사물을 넣기)를 사용하도록, 그다음 단계는 자연적인 환경에서 자기점검 도구를 사용하도록 포함시키지만, 이러한 쟁점은 초기 단계의 초점이 아니다. 일반적으로 학생은 한 회기에 1~3단계를 하고, 그다음 학생은 단계의 다음 순서를 한다.

[1단계: 바람직한 행동을 선택하고, 예와 예가 아닌 것을 시범 보이기]

1단계 동안에 교사는 일반적으로 예가 아닌 행동으로 시작하는 것이 가장 쉽다는 것을 알게 된다. 왜냐하면 그러한 행동은 현재 학생이 하고 있고, 교사가 변화되기를 바라는 행동이기 때문이다. 이러한 행동의 예로는 과제이탈, 부적절한 행동, 순서가 틀린 행동, 부적절한 속도나 시간에 나타나는 행동 등이 있다.

그러나 학생에게 가장 도움이 되는 것은 더 자세한 명칭 또는 설명을 예가 아닌 행동(예, 과제이탈은 허공을 보는 것, 계산기를 갖고 노는 것, 다른 학생과 배우지 않는 주제에 대하여 이야기하는 것이다)과 연관을 짓는 것이다. 교사는 1단계의 목적에 맞게 왼쪽에는 표적행동의 예가 아닌 것, 그리고 오른쪽에는 바람직한 대체행동을 적을 수 있는 'T-차트'를 사용하고 싶을 것이다. T-차트의 예가 [그림 4-3]과 [그림 4-4]에 자세히 설명되어 있다.

1단계의 초점은 학생에게 바람직한 행동의 명칭, 이러한 행동의 예와 예가

좋은 학습행동	
예가 아닌 것	예
책상 또는 의자에 눕기	의자에 똑바로 앉기
자료를 가져오는 데 너무 오랜 시간이 소요 자료를 잘못 사용하기	자료를 가져와서 바르게 사용하기
교사가 지시한 것을 하지 않는 것	교사가 지시한 것을 잘하기
너무 늦게 하는 것 전혀 하지 않는 것	항상 열심히 공부하기
과제가 아닌 것에 대하여 말하기 모든 과제를 마치지 않는 것	과제에 대하여 말하기 모든 과제 마치기

그림 4-3 좋은 학습행동의 예와 예가 아닌 것

과제수행 행동	
예가 아닌 것	예
교사의 지시를 받고 과제를 수행하는 데 20초 이상 걸릴 때	교사의 지시를 받고 20초 내에 과제를 시작하기
과제를 하다가 주기적으로 과제가 아닌 다른 일하기	과제를 마칠 때까지 계속해서 하기
교사나 또래에게 자신이 하는 과제와 관계없는 것에 대해 말하기	교사나 또래와 함께 과제에 대해 말하기
교실을 둘러보거나, 자신이 하고 있는 과제와 관계없는 일을 하거나, 자료를 일과 관계없는 데 사용하는 것(예, 연필 또는 학용품을 갖고 노는 것)	자신의 일에 보고 자료를 사용하여 과제를 하기(예, 백과사전, 사전, 또는 교과서)

그림 4-4 과제수행 행동의 예와 예가 아닌 것

아닌 것을 잘 알도록 하는 것이다. Koegel과 Koegel(1990)은 9세에서 14세 자폐장애 학생의 상동행동(예, 반복적으로 팔 흔들기, 계속해서 엄지 빨기, 콧노래 부르기, 의미가 통하지 않는 음절을 반복적으로 말하기)을 감소시켜야 할 행동으로 정하였다. 예와 예가 아닌 것을 구별하는 변별훈련 기간 동안에 학생은 자신 그리고/또는 교사가 하는 바람직한 행동과 바람직하지 않은 행동을 정확하게 구별할 필요가 있다. 언어능력에 따라, 어떤 학생은 교사가 하는 적절한 그리고 부적절한 행동을 구별하기 위하여 명사구(예, '노래 안 부르기') 를 사용하였고, 어떤 학생은 교사에게 해야 할 행동과 하지 말아야 할 행동(예, '팔 흔들지 않기' 또는 '노래 부르기'에 정확하게 반응하기)을 구별할 수 있다는 것을 보여 줄 필요가 있다.

[2단계: 바람직한 행동의 혜택에 대해 토의하기]

학생은 1단계에서 정한 표적행동을 향상시키는 것이 자신이 해야 할 과제를 마치게 도와준다는 것을 깨달을 필요가 있다. 2단계에서는 1단계에서 설명한 행동을 향상시켜야 하는 '이유' 또는 '원리'가 제시되거나 도출된다. 어린 학생 또는 말을 적게 하는 학생을 위해, 논의는 매우 쉽고 직접적으로 이루어져야 한다. 나이가 많거나 말을 잘하는 학생을 위해, 행동을 잘하면 주어질 혜택에 대한 논의는 그 학생이 원하는 혜택과 직접적으로 관련이 있어야 한다. 교사가 제공하는 혜택이 특별히 나이 많은 학생에게 동기를 주지 못한다는 점을 고려하는 것이 중요하다. 결과적으로, 학생에게 동기를 부여할 수 있는 혜택을 파악하는 것이 생각만큼 쉽지는 않다. 논의를 통해서 학생에게 동기를 부여할 수 있는 것이나 혜택을 파악하지 못하면, 자기점검의 효과는 거의 없을 것이다. 만약 학생이 행동을 향상시키고 싶은 동기가 없다면, 그 학생이 자기점검을 사용할 가능성은 거의 없다. 결과적으로, 교사는 학생이 혜택 또는 동기를 주는 요소로 인식하는 것을 파악하는 것이 중요하다. 여기에 두 가지 예가 제시되었다.

- "네가 지금 과제를 하지 않으면, 하지 못한 과제를 집에 갖고 가서 해 와야 한다. 너는 숙제가 많으면 좋아 아니면 적으면 좋아?"
- "수업시간에 공부를 열심히 하면, 네 성적을 향상시킬 수 있어. 지금 네 성적은 어때? 어떤 성적을 받고 싶니? 수업시간에 공부를 열심히 하면, 네 성적은 더 향상될 거야."

[3단계: 바람직한 행동을 연습할 기회를 제공하고, 성취 기준을 제시하기]

3단계의 목적은 학생에게 1단계에 제시된 예와 예가 아닌 것에 익숙하게 만들고, 2단계에서 파악한 혜택을 상기시키며, 바람직한 행동을 원하는 수준까지 수행할 수 있도록 하는 것이다. 이 수준이 될 때까지, 교사는 자기점검 도구와 이 도구의 사용법을 소개하지 않는다. 1~3단계는 학생이 자기점검 도구를 왜 사용하는지에 대한 초석을 마련하고, 몇몇 교사에게는 1~3단계의 내용을 생각함으로써 학생이 집중하기를 원하는 구체적인 행동을 규명하도록 도와준다(King-Sears, 1999; King-Sears & Bonfils, 1999). 1~3단계는 학생에게 언어, 원리 그리고 바람직한 행동과 일치하는 명확한 기준을 제공한다.

〈글상자 4-5〉는 교사가 5학년 학습장애 학생인 제이슨에게 과제를 하지 않고 있다는 것을 인식하도록 도와준 이야기다.

글상자 4-5

자기점검 기술이 학습장애 학생의 과제수행 행동을 향상시킨 예

5학년 학습장애 학생인 제이슨은 선생님이 자신에게 무엇을 하라고 하는지 이해하지 못했다. 제이슨은 선생님이 "제이슨, 과제를 하지 않고 있구나. 과제를 해야지."라고 말하기 때문에, 자신이 잘못하고 있다는 것을 알고 있다. 그는 자신이 과제를 하지 않는다는 사실을 인식하지 못하고 있다. 그는 자주 교실을 둘러보거나 연필을 만지작거린다는 사실을 깨닫지 못하고 있다. 어느 날 선생님은 반 학생에게 '과제수행 행동을 향상시키기 위한 자기점검'을 어떻게 사용하는지 가르치기 시작하였다. 첫째 날, 선생님은 학생에게 과제수행 행동의 예를 설명하라고 하고, 학생이 제시하는 예를 도표에 기록하였다. 그때 몇 명의 학생은 이 행동의 그림을 그렸다. 같은 날, 선생님은 학생에게 과제를 하지 않는 행동의 예를 말하라고 하였다. 선생님은 이 행동을 다른 도표에 적고, 학생은 이러한 행동의 그림을 그리거나 컴퓨터 프로그램에 있는 장면을 찾았다. 이제 제이슨은 선생님이 과제를 하지 않고 있다고 말하는 것의 의미—교실을 둘러보는 것, 학용품을 만지작거리는 것, 또는 과제를 하지 않는 것—를 잘 이해하였다. 제이슨은 그것이 단지 잠시 쉬거나 다른 학생이 공부하는 것을 보는 것이라고 생각했었다. 그는 자신이 얼마나 오랫동안 그렇게 하고 있었는지 깨닫지 못했었다. 또한 그는 수업시간에 과제를 마치지 못하면, 다른 학생보다 숙제가 더 많아진다는 사실도 몰랐었다. 이러한 사실을 깨달은 후, 그는 과제수행 행동을 더 해야 되겠다고 결심하였다. 그는 숙제를 적게 하고 싶었다.

학생이 사용할 자기점검 도구 소개하기

[4단계: 학생이 사용할 자기점검 절차와 자료를 설명하고, 자기점검 사용에 대한 혜택을 파악하기]

4단계는 교사가 자기점검 도구의 사용 방법을 실연해 보이는 것이다. 이 단계에서 학생은 자기점검을 능숙하게 혼자서 사용하지 못한다. 대신 학생은 단지 자기점검체계에 대한 설명을 들었고, 그것을 어떻게 사용하는지 보았을 뿐이다. 많은 학생은 이 단계를 한 회기 수업만 들으면 할 수 있다.

이제 교사는 학생에게 자기점검 도구를 보여 주고, 사용법을 설명하며, 특정한 행동을 향상시키기 위해 자기점검을 사용하는 혜택을 상기시킨다. 자기점검 도구는 학생이 과제를 수행하고 있다는 것을 기록하는 계수기록용지, 적절한 행동과 부적절한 행동을 가리키는 두 개의 행으로 구성된 색인카드, 학생이 예/아니요 반응을 기록할 수 있는 작업 계획표로 구성되어 있다. 학생은 이러한 도구를 사용하여 주의를 집중하고 지시를 따르는지 여부를 기록할 수 있다. 어떤 학생에게는 자기점검이 스스로 행동을 시작할 때마다 구슬을 병에 넣거나, 과제 완료를 가리키는 그림 옆에 체크 표시(✓)를 하거나, 한 문제를 풀고 다른 문제를 푼다는 것을 표시하기 위해 자석칠판의 한쪽에 있는 사물을 다른 쪽으로 옮겨 놓는 것을 의미한다.

그림과 사물은 저학년 학생이나 말로 표현할 수 있는 기술이 제한된 학생이 사용하기에 적절한 자기점검 도구다. 구입하여 사용할 수 있는 그림교환 의사소통체계는 그림을 선택하기에 좋은 자원이고, 어떤 교사는 공학 기기를 자기점검 도구로 또는 자기점검 도구와 함께 사용한다. 예를 들면, Mechling과 Gast(1997)는 청각 및 시각 촉구의 특징을 갖고 있는 보완 및 대체 의사소통(AAC) 도구인 Digivox를 사용하여 중도정신지체 학생이 개별 과제를 스스로 촉구하도록 하였다.

나이가 많은 학생 및 글씨를 쓸 수 있거나 쉽게 표시할 수 있는 학생은 더 복잡한 자기점검 도구를 사용할 수 있다. 자기점검 도구 그 자체는 일반적으로 사용하기 매우 쉽다. 학생은 본래 특정한 시점에 예/아니요, 정답/오답, 과제수행/과제이탈, 적절함/부적절함, 또는 완성/미완성과 같이 둘 중 하나를 선택해야 한다([그림 4-5] [그림 4-6] [그림 4-7]에 있는 자기점검의 예 참조).

교사는 학생에게 자기점검 도구를 보여 주면서 그 도구의 사용법을 설명한다. 4단계 동안에 교사와 학생이 이전 단계에서 했던 대화는 이제 자기점검 도구와 연결된다. 표적행동의 예와 예가 아닌 것은 그 학생이 "예, 나는 과제를 하고 있습니다." 또는 "아니요, 나는 과제를 하지 않고 있습니다."를 더 분명히 결정할 수 있게 한다. 자기점검 사용의 혜택을 살펴보았듯이, 이러한 자기점검의 사용이 어떻게 스스로 더 많이 하도록 도와줄 수 있는지를 학생들에게 상기시킬 수 있다.

교사는 학생이 자기점검을 하도록 신호를 주기 위해 무엇을 사용할 것인지 미리 정해야 한다. 다양한 단서체계를 사용할 수 있는데, 대부분 청각단서다.

- 알람손목시계
- 타이머
- 일정한 간격으로 신호를 울리는 컴퓨터 소프트웨어 세트
- 미리 소리나 지시가 녹음되어 있는 카세트테이프(예, "공부하고 있습니까?")

열심히 공부하기 위한 자기점검 도구

학생 성명: 베스 날짜: 3/29

일일 목표: "나는 이번 회기에 15 칸 동안 열심히 공부할 계획이다."

"나는 열심히 공부하고 있는가?"

1	2	3	4	5	6	7	8	9	10
+	+	−	−	+	−	+	−	−	+
11	12	13	14	15	16	17	18	19	20
−	−	+	−	−	+	−	−	+	+

소리를 들었을 때 공부를 열심히 하고 있으면, 그 칸에 + 표시를 하시오.
소리를 들었을 때 공부를 열심히 하고 있지 않으면, 그 칸에 − 표시를 하시오.

내가 이번 회기에 열심히 공부한 칸은 몇 개인가? 9 칸

나는 오늘 나의 목표에 도달하였나?

_____ 예 ✓ 아니요

그림 4-5 학생들이 열심히 공부하기 위한 목표설정용 자기점검 도구

과제수행 행동에 대한 자기점검 도구

공부하는 목표를 설정한 자기점검 도구를 완성하시오.
예: 공부하고 있으면, 나는 그 칸에 'Y' 표시를 한다.
아니요: 공부하고 있지 않으면, 나는 그 칸에 'N' 표시를 한다.

1	2	3	4	5	6	7	8	9	10
Y	Y	N	N	Y	Y	Y	N	Y	Y

과제를 수행한 칸의 수 7
나의 목표는 8
목표를 달성하였나? 아니요
내일 나의 목표는 8

그림 4-6 과제수행 행동에 대한 자기점검 도구

활동 완성 평가에 대한 검목표

학생 성명: ____________ 날짜: ____________

지시 사항: 각 활동을 마친 후에 체크 표시(✓)를 하시오. 당신은 "나는 이 활동을 다 하였습니까?" 질문에 답하시오.

활동 # 1: 일치하는 사물에 색칠을 하시오. ____________

활동 # 2: 작문 연습을 하시오. ____________

활동 # 3: 책에 있는 그림을 보시오. 아는 단어를 찾으시오. ____________

활동 # 4: 일치하는 사물 그림을 오려 붙이시오. ____________

그림 4-7 학생이 활동을 다 하였는지 평가하도록 도와주는 검목표

출처:

교사가 학생에게 다른 활동을 하게 하거나, 쉬는 시간을 주거나, 다음 활동을 하도록 지시할 때와 같이, 자연적인 사건도 단서가 될 수 있다. 교사는 단서를 제공하는 횟수와 단서 간 시간 간격의 변화에 대해서도 고려해야 한다. 초기에는 잦은, 간헐적인, 예측할 수 없는 단서가 유익하다. 학생이 도구를 능숙하게 사용하도록 하려면, 초기에 다양한(잦은, 간헐적인, 예측할 수 없는) 단서를 사용하는 것이 좋다. 교사가 만든 초기 스케줄(예, 놀이시간 15분 동안 1분에서 3분 간격으로 청각단서가 무작위로 제시)을 사용하여 학생이 도구를 능숙하게 사용하면, 단서 간 시간 간격은 증가 및 소거될 수 있다. 교사는 단서를 실제적으로 사용하기 위하여 단서를 얼마나 자주 그리고 무작위로 제시할 것인지 균형을 유지해야 한다. 예를 들면, 교사가 단서를 10초마다 제시할 필요는 없지만 30분마다 제시하는 것은 너무 길다는 것을 알게 될 것이다. 단서의 횟수는 학생의 특성과 과제에 근거하여 결정되며, 그러한 요인이 교사의 결정에 영향을 준다. 교사와 학생 모두 초기에 성공을 경험해야 자기점검을 사용할 가능성이 많기 때문에, 단서를 제공하는 절차에 대한 제안을 다음과 같이 제시하였다.

- 훈련 기간 초기에는 더욱 잦고 예측 가능한 단서를 사용한다(예, 3분 동안에 매 15초 간격).
- 훈련 기간 동안 더욱 잦지만 예측 불가능한 단서를 사용한다(예, 8분 동안에 30초에서 2분 간격).
- 훈련 기간 동안 실제 환경에서 사용하는 정도의 횟수를 학습목표로 정한다(예, 전체 15분 동안 단서를 제공하는 간격이 각각 30초에서 3분 정도).
- 실제 환경에서 학생이 자기점검 목표(예, 전체 15분 동안 단서를 제공하는 간격이 각각 2~5분 정도)를 달성한 후에는 단서를 제공하는 횟수를 소거하도록 계획한다.

[5단계: 바람직한 행동을 수행하면서 자기점검 과정을 시범 보이기(모델링)]

5단계 동안, 교사는 학생에게 자기점검 도구와 사용법을 설명하는 것 이상을 해야 한다. 교사는 자신이 학생인 것처럼 소리 내어 말하고, 어떻게 수행 여부를 결정하여 자기점검 도구에 기록하는지에 관해 이야기하여야 한다. 모델링 단계 동안, 교사가 표적행동의 예와 예가 아닌 것을 사용하여 자기점검 도구를 작성하는 것이 도움이 된다. 다시 말하면, 교사의 모델링(시범 보이기)에 학생이 행동의 적절성 여부를 변별하는 내용도 포함되어야 한다. 만약 교사가 적절한 행동에만 초점을 맞춘다면, 학생은 부적절한 행동을 어떻게 기록 또는 점검하는지 잘 모를 것이다.

연습 기회 제공과 성취도 평가하기

역할놀이 상황에서 자기점검 절차를 사용하여 연습하는 6단계와 7단계가 10단계 교수과정에서 가르치는 데 시간이 가장 오래 걸리는 부분이다. 이 단계 동안, 학생이 자기점검을 사용할 구체적인 상황 또는 환경이 논의되고 연습 회기가 제공된다. 학생이 자연적인 환경에서 스스로 자기점검을 하기 시작할 때, 교사는 자기점검이 의도한 결과—학생이 자기 자신의 행동을 더 잘 통제한다는 가정—의 성취 여부를 결정할 수 있도록 계속해서 데이터를 수집한다(교사가 학생의 현재 행동 수행 수준을 측정할 때, 그것은 SPIN의 선택[Select] 시기가 시작된다).

[6단계: 자기점검을 사용하도록 안내된 연습 제공, 바람직한 행동 역할극 하기]

6단계에는 학생이 전략을 연습하는 것이 포함되어 있다. 이전 단계에서는 학생에게 시범만 보여 주었지만, 이제는 학생이 통제된 또는 역할극 상황에서 자기점검 도구를 점차적으로 스스로 사용하기 시작한다. 학생이 자기점검체계를 능숙하게 사용할 수 없다면, 그 학생이 자기점검 도구를 혼자서 사용하는 시간이 줄어들 것이다. 이 단계를 즐기라! 실생활과 유사한 몇 개의 역할극 상황을 개발하고, 의도적으로 예와 예가 아닌 것을 연습하라! 학생은 이 단계 동안 '바람직하지 않은 행동'을 할 기회를 즐기고(그러나 학생은 예가 아닌 것이 바람직하지 않은 행동이라는 사실을 인식하고 있어야 한다), 예와 예가 아닌 행동을 더 많이 연습하면 할수록 행동을 더 능숙하게 구별할 수 있다. 또한 학생에게 역할극 상황을 개발하도록 하는 것을 고려하라. 이것은 학생에게 흥미를 느끼게 할 뿐만 아니라 자기점검을 일반화할 수 있는 상황을 생각하도록 한다.

[7단계: 역할극을 통해 학생의 자기점검 성취도 평가하기]

여러 가지 역할극 상황에서 연습을 한 후, 검목표를 사용하여 학생이 자기점검 도구를 얼마나 잘 사용하는지 그리고 학생이 그것을 사용하는 이유를 기억하고 있는지를 평가하는 것에 대하여 고려하여야 한다(예, 행동을 향상시키기 위해 자기점검 도구와 사용법이 주는 혜택과 동기). 어떤 학생

안내된 연습 및 독립 연습 동안 성취 지표		
오른쪽에 있는 '예' 또는 '아니요'에 체크 표시를 하시오	예	아니요
1. 학생이 표적행동의 예를 확인하였습니까?		
2. 학생이 표적행동의 예가 아닌 것을 설명하였습니까?		
3. 학생이 연습하는 동안에 표적행동을 하면서 자기점검 도구를 어떻게 사용하는지 설명하였습니까?		
4. 학생이 자기점검 도구를 정확하게 사용하였습니까? (교사와 학생이 함께 자기점검 도구를 채워서 학생의 정확도를 점검한다.)		
5. 학생이 표적행동의 중요성을 확인하였습니까?*		
6. 학생이 자기점검체계의 혜택을 설명하였습니까?*		

* 대답할 수 있는 학생의 언어능력에 의해 결정되는 선택적인 평가 기준

그림 4-8 학생이 자기점검 성취 여부를 평가하기 위한 검목표

출처: King-Sears, M. E., & Carpenter, S. L. (1997). *Teaching self-management to elementary students with developmental disabilities* (p. 27). Washington, DC: American Association on Mental Retardation; adapted by permission.

과 교사는 처음에 검목표 평가를 '시험'으로 생각하지만, 이것은 시험이 아니다. 어떤 교사는 학생과 검목표를 공유하는 것이 매우 도움이 된다는 사실을 알기 때문에, 그들은 무엇을 잘해야 하고 기억해야 하는지 미리 안다. 이 단계 동안에 계속해서 역할극을 한다. 학생이 첫 번째 시도부터 완전하게 할 것이라고 기대할 수는 없다. 계속해서 자기점검을 사용하면 학생의 실력이 늘기 때문에, 7단계에서도 안내된 연습(guided practice)을 계속해서 사용하도록 고려한다.

[8단계: 자기점검이 사용될 실제 상황에 대해 토의하기]

교사의 목표는 학생이 학교에 있는 동안 자기점검을 효과적으로 사용하게 하는 것이지만, 일반적으로 처음에는 하나의 상황을 정해서 집중하는 것이 더 좋다. 이렇게 하면, 자기점검을 더 쉽게 사용할 수 있고(예, 교사는 여러 상황이나 시간이 아니라 하나의 특정한 상황이나 시간에 초점을 맞춘다), (교사가 그 상황 동안 계속 관찰할 수 있기 때문에) 하나의 상황에 구체적인 피드백을 더 효율적으로 제공할 수 있다. 하나의 상황에서 계속 성취하였다면, 교사와 학생 모두 다른 상황에서 자기점검을 사용하는 데 흥미를 느낄 것이다. 구체적으로, 학생과 함께 실제 상황—자기점검을 사용할 시간과 장소—에 대하여 논의한다. 8단계 동안, 학생이 자기점검 도구를 특정한 장소에서 가져와서 다시 갖다 놓도록 하는 데 필요한 요소를 고려한다.

❒ 학생 스냅숏

학습장애 학생인 게리는 수학시간에 자기점검을 사용하여 과제수행 행동을 증가시키기로 결심하였다. 특수교사, 수학교사(하트웰)와 함께 게리는 수학시간에 자기점검 도구를 가져와서 다시 갖다 놓을 장소를 찾고 있다. 또한 게리는 카세트테이프에서 '삐' 소리가 나면 자신의 행동을 점검하기 때문에, 하트웰은 교실에서 나는 '삐' 소리에 자연스럽게 익숙해져야 할 필요가 있었다. 이러한 특수한 상황에서 하트웰은 실제로 교실에서 카세트테이프를 사용하는 데 공동의 책임을 지고 있다. 그래서 그녀는 자신이 카세트테이프를 사용하여 수업활동 시간을 조절하는 것에 대하여 반 학생들과 의논하였다.

[9단계: 실제 상황에서 스스로 연습할 기회 제공하기]

9단계에서는 학생이 스스로 도구를 사용하도록 연습시키는 것이 중요하다. 교사 또는 다른 참여자는 스스로 학생과 협력하여 점검을 하는 것이지 학생을 위해서 점검하는 것이 아니다. 8단계에 제시된 학생 스냅숏에서 설명한 예를 계속 살펴보면, 특수교사는 수학 수업시간에 게리를 관찰할 것이다. 교사는 게리가 듣는 소리를 함께 듣기 때문에, 그녀도 게리와 함께 자신의 자기점검 검목표를 작성할 수 있다. 이런 식으로 교사와 게리는 서로 작성한 기록이 어느 정도 일치하는지 알 수 있고, 그래서 그들은 기록이 일치하지 않는 부분에 대하여 논의하거나 연습을 할 수 있는 기회를 제공한다.

학생이 실제 상황에서 스스로 자기점검을 연습할 때마다 그 학생은 자기점검 기술을 다른 상황에 전이할 수 있다.

[10단계: 실제 상황에서 학생의 자기점검 성취도 평가하기]

학생이 자연적인 환경에서 자기점검을 시작할 때, 그 학생이 도구를 적절하게 사용할 수 있도록 더 자주 관찰하여야 한다. 학생이 숙달되었다는 것이 입증되면, 교사는 관찰하는 횟수를 줄인다. 교사가 학생의 자기점검 사용 여부에 대해 추후 검사를 하지 않으면, 그 학생은 무심코 자기점검이 더 이상 중요하지 않다고 인식한다. 시간이 경과하면, 관찰 횟수를 점차 감소시키면서 예고 없이 간헐적으로 관찰한다. 또한 추후 검사를 하여 그 학생(과 교사)에게 피드백을 제공하고 강화하며, 마지막으로 자기점검의 사용이 바람직한 영향을 주었는지 확인한다.

스스로 자기점검을 사용하는 동안 학생의 수행 기록하기

앞에서 논의했듯이, SPIN의 선택 시기 동안에 수집한 기초선 데이터는 특정한 또는 일련의 행동에 대한 현재 학생의 수행 수준을 알게 해 준다. 교사는 학생에게 자기점검 사용법(예, 10단계 교수 순서)을 가르치면서 계속 데이터를 수집하면, 학생의 행동이 바람직하게 변하고 있다는 사실을 자주 발견할 수 있다. 그러나 자기점검에 대한 실제 검사는 자기점검 교수를 마친 후에 실시한다. 교사의 지시도 없이 학생이 자신의 행동을 스스로 잘 점검할 수 있을까? 자기점검이 표적행동에 바람직한 영향을 주었는지 여부는 교사가 이전 데이터(예, 기초선)와 이후 데이터(예, 학생이 자연적인 환경에서 자기점검을 시작하였을 때)를 비교하여 결정할 수 있다. 언급한 바와 같이, 자기점검을 위해 수집된 데이터는 자기결정과 관련된 학생의 IEP 내용과 일치하는 정보를 제공하는 좋은 방법이다.

또래교사와 자기점검

또래교사도 자기점검을 가르치는 교사의 역할을 할 수 있다. 어린 또래교사가 학생에게 자기점검을 어떻게 하는지 가르칠 때, 또래교사는 지정된 과제를 할 수 있어야 하고(즉, 바람직한 행동을 수행할 수 있어야 하고), 자기점검 도구를 사용할 수 있어야 하며, 전략을 가르칠 수 있어야만 한다. 또래교사는 필요할 때 강화와 교정적 피드백을 제공할 수 있는 능력이 있어야만 한다. 초기에는 또래교사와 학생 간 교수적 상호작용을 점검할 필요가 있다. 필요하다면, 또래교사 또는 학생에게 피드백을 제공해야 한다. 또래교사가 교수 순서에 있는 어떤 단계를 어려워하면, 또래교사에게도 필요한 내용을 가르쳐야 한다. 〈글상자 4-6〉은 또래교수가 중증장애 학생에게 효과적이었다는 연구 결과다.

글상자 4-6

검목표가 적절한 학급기술과 행동을 스스로 점검하도록 도와준 중증장애 중학생에 관한 연구

(수정된 교육과정 목표로) 다양한 중학교 일반학급에 참여하고 있는 중증장애 중학생은 비장애또래가 학급기술을 점검하는 것을 보고 배웠다(Giberts, Agran, Hughes, & Wehmeyer, 2001). 일반학급 환경에서 수행하는 일과에 근거하여, 11가지 학급기술(예, 종이 울리면 자기 자리에 앉기, 수업에 필요한 물건을 가져오기, 교사와 학생에게 인사하기, 질문 및 대답하기, 캘린더식 수첩에 학급과제 기록하기)로 구성된 검목표를 개발하였다. 또래는 중증장애 학생을 훈련시키고 수행을 점검하였다. 또래교사는 수업시간에 장애학생의 개별 표적행동 수행 여부를 언제든지 기록할 수 있었다. 데이터를 수집하지는 않았지만, 훈련 기간 동안에 장애학생 및 비장애학생 모두 수업참여 행동이 증가하였고, 훈련을 마친 후에도 수업참여 행동이 유지되었다. 장애학생은 또래교사와 함께 공부하는 것을 매우 좋아하였고, 모든 학생(장애, 비장애)에게 흥미를 느끼게 하였다.

학급 차원 자기점검체계

학급 차원 자기점검체계를 사용할 수도 있다. 특수학급에 있는 정서장애 학생들은 다음의 세 가지 진술에 대해 '예/아니요' 칸에 체크하는 자기점검을 사용하였다(Kern, Dunlap, Childs, & Clarke, 1994).

- 나는 과제를 한다.
- 나는 성인과 적절히 상호작용하였다.
- 나는 긍정적인 태도를 갖고 있다.

학생들은 책상 위에 테이프로 붙여 놓은 검목표에 기록하였다. 카세트테이프에서 '삐' 소리가 나면, 학생들은 앞에 제시된 각각의 문장에 체크한다. 수학시간 45분 동안 5분 변동간격계획으로 '삐' 하는 소리가 나게 설정되었다. 흥미롭게도, 연구자는 소수의 학생들이 자기점검을 사용하였지만, 연구 참여자뿐 아니라 다른 학생들도 적절한 행동이 증가하는 '과잉' 효과가 나타났다고 보고하였다. 그러므로 전체 학생에게 자기점검을 가르칠 필요가 없다. 연구자가 참여자 간 중다기초선설계를 사용하여 그 교실에 실험을 계속하였을 때, 자기점검 훈련을 받지 않은 학생도 긍정적인 반응을 하기 시작하였다. 이러한 사실은 교사가 모든 학생에게 중재를 할 필요가 없다는 것을 의미한다. 또래의 행동이 향상되면, 다른 학생에게도 긍정적인 영향을 미치기 때문이다.

요 약

자기점검은 학생의 자기주도학습 능력을 향상시키고, 자신의 행동을 통제하게 한다. 장애학생에게 자기점검을 사용하도록 가르치는 교사는 학생이 더 자립할 수 있도록 준비시킬 뿐 아니라 학습과 사회적 행동에 대해 더 책임감을 갖도록 가르치는 것이다. 5장에서는 두 가지 부가적인 자기주도학습 전략—자기평가와 자기강화—을 살펴볼 것이다. 전략으로서 자기점검은 교사주도교수에서 학생주도학습으로 변화시킬 수 있는 좋은 방법이다. 왜냐하면 자기점검은 학생이 표적행동을 구별할 수 있어야 할 뿐만 아니라 그 행동의 발생을 기록할 수 있어야만 하기 때문이다.

chapter 5

자기평가와 자기강화

이 장은 어떻게 자기평가와 자기강화라는 학생주도학습 전략이 4장에서 설명한 자기점검 방법을 예/아니요 또는 2차원 반응 형식에서 학생 스스로 평가(예, 자기평가)하고 보상(예, 자기강화)하는 형식으로 확장하였는지에 대하여 설명한다. 학생이 기술 또는 행동(또는 일련의 행동)을 하였는지 여부를 결정하기 때문에, 자기점검도 어느 정도의 평가를 포함하고 있다. 이 장에서 설명하는 자기평가체계는 단지 표적행동의 수행 여부가 아니라, 학생에게 자신이 수행한 행동의 질을 스스로 평가하게 한다. 자기강화는 학생이 특정한 시간 내에 미리 정한 기준에 맞게 수행하면 보상을 받도록 가르친다는 점에서 자기점검(과 자기평가)을 확장시킨 것이다.

자기평가와 자기강화 전략은 자기점검의 자연스러운 연장으로 볼 수 있다. 교사(와 학생)는 모든 전략을 하나씩 또는 결합하여 사용할 수 있다. 자기평가 대신에, 일반교사는 이미 장애학생에게 수행한 과제의 질, 행동의 적절성, 또는 과제의 완성도에 대한 피드백을 제공하고 있다. 학생이 자신이 한 과제와 행동을 평가하는 방법을 안다면, 교사는 다른 내용을 가르치는 데 집중할 수 있는 시간이 더 많아질 것이다. 또한 학생은 자신이 얼마나 잘하고 있는지를 평가하기 위하여 교사에게 의존하지 않아도 된다. 학생은 자신의 행동을 어떻게 평가하고, 그 행동을 향상시키기 위해 어떻게 수정해야 하는지 알고 있다. 이와 유사하게, 통합환경에서 토큰경제 또는 다른 유형의 교사주도 강화체계가 사용될 때, 교사는 학생이 자기강화체계를 사용하여 자기 자신을 강화할 수 있는지 여부에 대해 고려할 것이다. 반대로, 교사는 교사주도체계 대신에 자기강화체계를 사용할 수 있는지 여부에 대해서도 고려할 것이다. 그런 방식으로 학생에게 보상받을 시간을 결정하도록 하면, 궁극적으로 시간을 절약할 수 있을(예, 교사는 학생이 적절한 행동을 하였다고 토큰을 주지 않는다) 뿐만 아니라 학생에게 주인의식을 고취시킬 수 있다. 간단히 말하면, 자기평가와 자기강화는 보상을 제공할 책임을 교사로부터 학생에게 전이하였고, 그 결과 교사는 가르쳐야 할 새로운 내용에 집중하고 학생에게 자신의 행동에 대한 주인의식과 책임감을 향상시키도록 가르치는 데 더 많은 시간을 사용할 수 있다.

4장에 설명된 SPIN 체계([그림 4-1] 참조)도 자기평가와 자기강화 체계를 사용하였다(King-Sears, 1999; King-Sears & Carpender, 1997). 이 접근도 체계는 유사하지만, 자기평가와 자기강화를 위해 수정되었다.

- 시기 I: 학생의 표적행동을 선택하고 현재 수행 수준을 측정한다.
- 시기 II: 자기평가 또는 강화 체계를 사용하기 위하여 자료를 준비한다.
- 시기 III: 10단계 교수 절차를 사용하여 학생에게 언제 그리고 어떻게 자기평가 또는 자기강화를 사용하는지 가르친다.
- 시기 IV: 학생의 표적행동 수행 수준을 적고, 이전의 수행 수준과 비교한다.

이 장에서는 자기평가, 자기강화, 그리고 교사가 학생의 목표달성 정도를 평가하는 데 사용할 수 있는 데이터 수집 절차에 대하여 설명한다. 학생이 자기주도학습을 더 잘하도록 하기 위하여, 이 전략과 스스로 그래프 그리기 및 목표 설정하기와 같은 다른 학생주도학습 전략과 결합하는 방법에 대해서도 설명한다. 마지막으로, 이러한 절차를 개별화 체계와 학생 행동에 따라 구별하는 방법을 설명한다.

자기평가

간단히 말하면, 자기평가는 학생에게 자신의 수행 기준을 결정하도록 가르친다. 예를 들면, 학생이 자신이 한 행동, 기술 또는 수행을 1~3점 척도('1=매우 잘하였음, 2=보통, 3=노력 요함')로 평가한다. (평가는 예 또는 아니요 반응보다 더 복잡한 평가 수준을 필요로 한다고 지적하였다. "당신이 한 과제는 잘하였는가, 보통인가, 아니면 노력 요함인가?) 다른 평가척도는 학생이 자신을 스스로 '1 = 매우 잘하였음'과 '5 = 못하였음'과 같이 1~5점 척도로 평가한다.

SPIN 순서를 사용하는 교사는 준비 시기(Prepare phase)에는 평가척도를 결정하고, 교수 시기(Instruct phase)(예, 4장에 설명된 10단계 교수 순서)에는 일련의 수행과 그에 상응하는 평가를 할 수 있도록 시범, 모델링 및 역할극을 포함시킨다. 숫자로 나타낸 평가를 이해하지 못하는 장애학생을 위해 그림을 평가체계(예, 매우 잘한 수행을 '웃는 얼굴'로 나타낸 일련의 얼굴 표정)로 사용할 수 있다.

교사는 학생이 자기점검에 사용되는 예/아니요 반응 형식 이상을 할 수 있다고 생각하면, 자기평가체계를 선택한다. 자기평가체계는 학생이 자신의 학습, 기술, 행동, 또는 수행의 질을 평가할 수 있을 때 유용하다. 그러나 자기평가체계에서 교사가 직면한 난제는 교사 자신이 1, 2 또는 3 평가(또는 어떤 평가척도가 사용되더라도) 간 차이가 무엇인지 구별할 수 있는지 여부다. 교사가 평가 간 차이를 구별할 수 있어야만 학생에게 평가에 대해 설명할 수 있을 것이다. 〈글상자 5-1〉은 교사인 베넷이 자기점검보다는 자기평가를 사용하여 학생이 과제를 계속하도록 어떻게 도와주는지 설명하고 있다. 〈글상자 5-2〉는 자기평가가 일반학급에서 학급 규칙을 더 잘 지키도록 하는 데 어떻게 사용되었는지에 대한 연구를 설명하고 있다.

글상자 5-1

교사가 자기평가를 가르친 결과, 자기결정 목표를 성취한 학생의 예

중학교 특수학급에서 근무하는 교사 베넷은 학습장애 학생과 정서장애 학생에게 과제수행 및 적절한 행동을 자기점검 하도록 가르치고 사용해 왔다. 그녀는 카세트테이프에서 3~7분마다 소리가 날 때, 학생이 질문에 '예' 또는 '아니요'로 대답하게 하였다. 즉, "나는 지금 과제를 하고 있으며 적절한 행동을 하고 있는가?" 자기점검이 효과적이었지만, 베넷은 학생이 자기점검 대신에 자기평가를 사용하도록 가르치기로 하였다. 그녀가 이런 결정을 한 이유는 다음과 같다.

① 어떤 학생들의 경우 자신이 자기점검을 한 후 얼마 동안 소리가 나지 않는다는 사실을 알고, 소리가 난 후 몇 분 동안 '게을리' 하고 다음 소리가 나기 직전에 '열심히' 하는 것을 알았다.
② 만약 베넷이 자기평가를 사용하였다면, 그녀는 평가척도를 개발하여 학생들에게 자신의 과제수행 행동을 '거의 하시 않았음'은 1, '약간 하였음'은 2, '대부분 하였음'은 3, '다 하였음'은 4로 어떻게 평가하는지 가르쳤을 것이다. 베넷은 자기평가가 학생들이 자신의 행동을 평가할 수 있는 좋은 도구이고, 자기평가를 사용하면 학생들이 개별화교육프로그램(IEP)에 있는 자기결정 목표를 성취할 수 있다는 사실을 알았다.
③ 베넷은 동일한 간격으로 소리를 녹음한 카세트테이프를 사용하여, 학생들에게 소리가 나면 그들이 자신의 과제수행 행동에 '예' 또는 '아니요' 라고 적는(예, 자기점검) 대신에 지난번 소리가 난 후부터 지금까지 자신의 행동을 생각하고, 자신이 과제를 얼마나 하였는지를 1~4점 척도를 사용하여 스스로 평가하도록 하였다.
④ 베넷은 자기점검을 하라는 소리가 나자마자 게으름을 피우는 학생들이 지난 번 소리가 난 후부터 지금까지 한 자신의 행동을 평가하는 자기평가체계를 사용하면 도움을 받을 것이라고 생각하였다.

글상자 5-2

주의력결핍 과잉행동장애 학생과 반항성장애 학생이 학급 규칙을 더 잘 준수하도록 자기평가 기술을 가르친 연구 결과

Hoff와 DuPaul(1998)은 일반학급에 있는 주의력결핍 과잉행동장애(ADHD) 학생과 반항성장애(ODD) 학생이 학급 규칙을 준수하도록 하기 위하여 자기평가를 가르쳤다. 처음에 교사는 학생이 학급 규칙을 준수하는 정도를 평가하였다. 그다음, 학생에게 동일한 평가체계를 가르친 후 매 5분마다 그 학생이 학급 규칙을 준수하는 정도를 스스로 평가하도록 하였다. 평가체계는 다음과 같이 구성되었다(평가체계는 개발한 사람과 그 사람의 선호도에 따라 다르다).

- 0은 전혀 용납할 수 없다는 것이고, 이러한 평가는 전체 평가 시간 동안에 하나 이상의 규칙을 위반하였다는 것을 의미한다.
- 1은 거의 용납할 수 없다는 것이고, 이러한 평가는 거의 전체 평가 시간 동안에 하나 이상의 규칙을 위반하였거나 대부분의 평가 시간 동안에 매우 심하게 부적절한 행동을 하였다는 것을 의미한다.
- 2는 평균 이하라는 것이고, 이러한 평가는 평가 시간 동안에 하나 또는 그 이상의 규칙을 위반하였으나, 약간의 규칙은 준수하였다는 것을 의미한다.
- 3은 평균이라는 것이고, 이러한 평가는 평가 시간 동안에 모든 규칙을 준수하지는 않았으나(예, 너는 약 80% 시간 동안 규칙을 준수하였다), 심각하게 부적절한 행동을 하지 않았다는 것을 의미한다.
- 4는 잘하였다는 것이고, 이러한 평가는 대부분의 평가 시간 동안에 규칙을 준수하였으나 경미하지만 부적절한 행동을 하였다는 것을 의미한다.
- 5는 매우 잘하였다는 것이고, 이러한 평가는 전체 평가 시간 동안에 모든 학급 규칙을 준수하였다는 것을 의미한다.

수학, 휴식 및 사회 시간 동안에 학생의 방해 행동은 감소하였고, 교사가 없을 때조차도 규칙을 준수하는 행동이 유지되었다. 교사는 학생의 혜택과 관련하여 자기평가를 중재로 사용하는 데 전적으로 동의하였다. 학생은 자기평가 중재를 좋아하였고, 이 중재가 학교에서 더 잘하도록 도와준다고 하였다.

자기평가 평가하기

자기평가가 학생주도학습 전략으로 사용될 때, 학생은 스스로 자신이 한 수행의 질을 평정척도에 따라 평가한다. 일반적으로 학생은 Likert 척도(예, 1~5 척도), 구(phase) 또는 그림을 사용하여 평가한다. 교사가 부적절한 행동을 감소시키고 바람직한 행동을 증가시키고 싶은 학생이 있다고 가정하

자. 교사는 학생에게 아래에 제시된 두 가지 평정척도를 사용하여 자신의 행동을 평가하도록 할 수 있다.

> 1은 수업시간에 전혀 또는 거의 바람직한 행동을 하지 않았다는 것을 의미한다.
> 2는 수업시간의 반 이하 동안 바람직한 행동을 하였다는 것을 의미한다.
> 3은 수업시간의 반 정도 동안 바람직한 행동을 하였다는 것을 의미한다.
> 4는 수업시간의 반 이상 동안 바람직한 행동을 하였다는 것을 의미한다.
> 5는 전체 수업시간 동안 바람직한 행동을 하였다는 것을 의미한다.

지금 자기평가체계를 배우기 시작하는 학생 또는 더 적은 척도를 사용해야 하는 학생(예, 척도가 적어야 도움이 되는 학생)에게는 5점 척도보다 3점 척도가 바람직하다.

> 1은 부적절한 행동을 의미한다.
> 2는 적절하지도 부적절하지도 않은 행동을 의미한다.
> 3은 매우 적절한 행동을 의미한다.

말하지 못하거나 그림으로 표현하는 학생은 그림을 사용하여 자신을 평가할 수 있다.

❐ 학생 스냅숏

리사는 교사와 함께 쉬는 시간에 놀이기술을 향상시키기 위하여 노력해 왔다. 쉬는 시간이 끝날 때마다 교사는 리사에게 자신의 놀이기술을 어떻게 평가하는지 가르쳐 왔다. 리사는 자신의 놀이 행동을 평가하는 데 [그림 5-1]에 제시된 것과 같은 웃는 얼굴 '검목표'를 사용하였다. 교사는 리사에게 어떤 얼굴에 동그라미를 그려야 하는지를 어떻게 결정하는지 가르쳤다. 리사가 쉬는 시간 내내

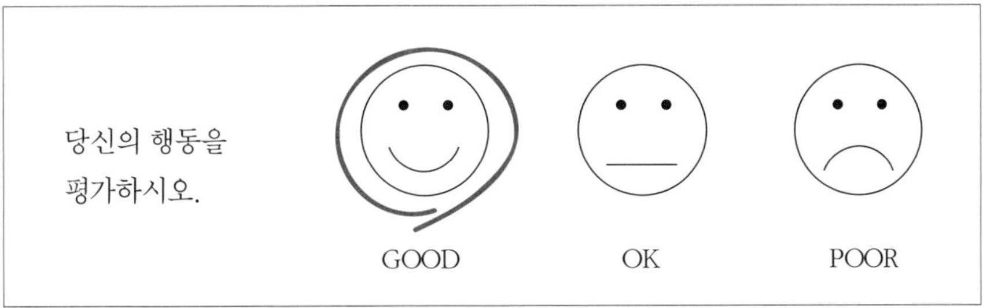

그림 5-1 리사를 위한 자기평가 도표의 예

(주의: 웃는 얼굴 그림=전체 쉬는 시간 동안 잘 놀았다, 입이 일자인 얼굴=쉬는 시간 동안 대부분 잘 놀았다, 우는 입을 가진 얼굴=쉬는 시간 동안 잘 놀지 못했다)

출처: Clip art images are copyright © 2001 Microsoft Corporation, One Microsoft Way, Redmond, Washington 98052-6399 U.S.A. All rights reserved.

다른 학생과 잘 놀았다면, 그녀는 웃는 얼굴에 동그라미를 그렸다. 리사가 쉬는 시간 대부분을 다른 학생과 잘 놀았다면, 그녀는 일자 입을 한 얼굴에 동그라미를 그렸다. 리사가 쉬는 시간 대부분을 다른 학생과 잘 놀지 못했다면, 그녀는 찌푸린 얼굴에 동그라미를 그렸다.

리사의 교사는 자기평가체계가 리사에게 사회적 기술을 향상시키도록 도와줄 것으로 낙관하고 있었다. 리사의 어머니는 리사가 자기평가체계를 사용하여 더 많은 친구를 사귈 수 있기를 바랐다. 리사는 친구와 잘 지내고 싶어 하였고, 때때로 그녀는 친구가 무엇 때문에 화를 내는지 잘 몰랐다. 리사의 교사는 친구와 사이좋게 노는 몇 가지 방법(과 그렇지 않은 것—그것은 일반적으로 리사를 문제에 빠드리는 것)을 '모든 시간' '대부분 시간' '적은 시간'으로 설명하였기 때문에, 리사는 웃는 얼굴을 모두 받을 기회가 더 많다고 생각하고 있다.

라이오넬은 사회시간에 행동을 잘해야 한다는 사실을 알고 있다. 그와 그의 교사는 행동을 잘하면 어떻게 성적이 향상되는지 논의해 왔다. 자신이 원하는 점수를 받으면, 방과 후에 자유 시간을 더 많이 가질 수 있다. 라이오넬은 자신이 사회시간에 행동을 얼마나 잘하였는지 적도록 촉구하는 자기평가 별 도표([그림 5-2] 참조)를 사용하는 데 매우 관심이 많다.

사회시간에 라이오넬의 교사는 카세트테이프를 켠다. 카세트테이프에서 약 3~7분

그림 5-2 **라이오넬을 위한 자기평가 별 도표의 예**

출처: Clip art images are copyright © 2001 Microsoft Corporation, One Microsoft Way, Redmond, Washington 98052-6399 U.S.A. All rights reserved.

간격으로 '삐' 소리가 나면, 라이오넬은 자신이 얼마나 공부를 열심히 하였는지 평가할 시간이라는 것을 안다. 자신이 해야 할 과제를 다 하였고, 과제이탈을 하지 않았으며, 모든 지시 사항을 다 준수하였다면, 그는 자신의 행동을 '매우 잘하였다'고 평가하고 별 세 개가 있는 그림에 동그라미를 쳤다. 공부는 매우 열심히 하였지만 자신의 수행을 향상시켜야 할 필요가 있다면(아마 그는 공부하는 대신에 친구와 함께 잡담을 하였을 것이다), 그는 자신의 행동을 '잘하였다'고 평가하고 별 두 개가 있는 그림에 동그라미를 쳤다. 때때로 라이오넬은 공부를 열심히 하지 않았다. 그는 전체 시간 간격 동안 농땡이를 부리지는 않았으나, 공부를 더 열심히 할 수 있었다는 것을 안다. 이러한 경우에, 그는 '그저 그렇다'고 평가하고 별 한 개가 있는 그림에 동그라미를 쳤다.

라이오넬은 방과 후에 자신이 놀고 싶은 만큼 자유 시간을 얻으려면, '매우 잘하였다'를 많이 받아야 한다는 것을 알고 있다. 그는 '매우 잘하였다'를 연속해서 다섯 개 받는 것을 목표로 정하였다. 그는 오늘 그렇게 할 수 있다고 낙관하고 있다.

자기점검, 그래프 및 목표설정과 함께하는 자기평가

그래프 역시 자기평가와 함께 학생이 설정한 목표를 얼마나 달성하였는지를 보여 주는 시각적인 방법으로 사용될 수 있다. Grossi와 Heward(1998)는 인지장애를 가진 성인에게 자신이 직업과제를 얼마나 잘 수행하고 있는지에 대하여 자기평가를 하도록 가르쳤다. 연구자들은 참여자의 작업 완성도에 대한 현재 수행 수준과 경쟁적인 기준에 적합한 수행목표로 구성된 그래프를 사용하였다. 그다음에, 그래프의 경쟁적 기준 부분은 달성해야 할 목표로 정한 영역이라는 것을 나타내기 위하여 어둡게 하였다. 목표로 정한 양(예, 완성된 과제의 수)과 기간(예, 일정한 시간 내에 완성된 과제)에 과제를 얼마나 잘하였는지 평가하기 위하여, 참여자는 자신이 한 수행을 자기점검 한 후 그래프로 나타냈다. 그래프의 끝 부분이 어두운 영역에 있다면, 참여자는 목표에 도달한 것이다. 그래프의 끝 부분이 어두운 영역 아래에 있다면, 참여자는 목표에 도달하지 못한 것이다. 또한 이 연구에서 참여자는 그래프를 사용하여 자신의 목표를 설정하였다. 이것은 자기주도학습을 향상시키는 다른 요인이다.

자기평가체계와 연계하여 자기점검을 사용하는 것은 매우 유동적인 과정이다. 즉, 자기평가는 이미 자기점검을 잘하는 학생을 위한 다음 단계다. 자신의 과제수행 행동을 증가시키기 위하여, 중학교 일반학급에 있는 학습장애 학생이 수업 중에 자신의 행동을 어떻게 자기점검 하고, 그다음에 수업이 끝날 때 과제수행 행동을 어떻게 자기평가 하는지에 대하여 배웠다(Dalton, Martella, & Marchand-Martella, 1999). 모든 연구 참여자의 과제수행 행동이 증가하였을(반대로, 과제이탈 행동은 감소하였다) 뿐만 아니라, 과제수행 행동에 대한 교사의 평가도 향상되었다. 연구 참여자는 교실에 있는 시계를 단서체계로 사용하여 자신의 과제수행 행동을 점검하였다. 연구 참여자는 5분마다 자기 자신에게 "나는 공부를 하고 있습니까?"라고 질문하였다. 연구 참여자는 구체적인 학급과제(예, "숙제를 다 하였습니까?") 아래에 '예' 또는 '아니요'를 체크하도록 구성된 검목표를 사용하였다. 검목표는 수업을 시작할 때("나는 정각에 시작하였었습니까?"), 수업 중("나는 과제를 하고 있는지 자기점검을 하였습니까?"), 수업 종료 시("나는 교사의 지시를 따랐습니까?")에 하는 교실 행동에 대한 질문을 포함하고 있다. 수업시간마다 검목표를 작성한 후, 학생은 수업을 마칠 때 자신의 행동을 아래에 제시된 것 중 하나로 평가하였다.

1 = 매우 부족
2 = 부족
3 = 보통
4 = 잘함
5 = 매우 잘함

시간 간격: 자기평가 하는 시간

일반적으로 학생은 일정한 시간 간격마다 자신의 행동을 평가하기 때문에, 자기점검을 할 때 사용하던 단서를 주는 물건(예, 알람 기능이 있는 손목시계, 소리가 녹음된 카세트테이프, 타이머)을 자기평가에도 사용할 수 있다. 자기점검과 자기평가의 차이는 "나는 지금 잘하고 있습니까?"라는 질문에 자기점검은 두 개의 반응('예' 또는 '아니요'), 자기평가는 적어도 세 개 이상의 반응(예, 학생은 최소한 세 개의 반응 중 하나를 선택한다)을 필요로 한다는 것이다. 학생이 자신의 행동을 평가(자기평가)하는 시간은 일정한 시간 간격 동안에 자신이 한 행동("이전에 소리가 난 후부터 지금까지 계속해서 나는 얼마나 열심히 공부해 왔는가?")을 평가할 수 있고, 단서가 제공되는 그 순간에 자신의 행동("현재 나는 얼마나 열심히 공부하고 있는가?")을 평가할 수도 있다. 136쪽에 있는 [그림 5-4]는 학생이 자기평가를 하는 동안 '삐' 소리 사이의 간격을 어떻게 사용하는지 설명하고 있다.

어떤 교사는 학생이 편안하게 자기평가를 할 수 있도록 더 자연스러운 시간체계를 사용하는 것을 선호한다. 예를 들면, 어떤 교사는 교실에서 다른 학생이 듣도록 단서를 제공하는 체계를 사용하고 싶지 않기 때문에, 그는 전이 시간, 활동 종료 후, 과제 완수 후, 또는 다른 자연적으로 사용할 수 있는 시간에 학생이 자기평가지에 기록하도록 할 것이다.

또 어떤 교사는 일정한 시간 간격을 사용할 것이다. Ninness, Ellis, Miller, Baker와 Rutherford(1995)는 학생이 20분마다 자신의 친사회적 행동을 1(매우 부족)에서 4(매우 잘함) 척도로 자기평가 하도록 하였다. 그들은 전체 수업일 동안 20분마다 자기평가 하는 것을 목표로 정하고, 학생의 행동이 향상되면 점차적으로 시간 간격을 30분, 1시간으로 증가시켰다. Shapiro, DuPaul과 Bradley-Klug(1998)는 1시간 수업시간 동안 15분 간격으로 주의력결핍장애(ADD) 학생이 자신이 한 행동의 질을 1(매우 부족)에서 5(매우 잘함) 척도를 사용하여 자기평가 하는 것을 목표로 정하였다.

일반적으로 시간 간격은 다음과 같아야 한다.

- 교사와 학생이 사용할 수 있도록 실용적이어야 한다. 예를 들면, 교사와 학생은 교실에서 5초마다 단서를 제공하는 체계는 사용할 수 없다.
- 학생이 제한된 시간 안에 얼마나 많이 또는 얼마나 잘해야 할 필요가 있다는 것을 깨달을 수 있을 정도로 자주 사용하여야 한다. 예를 들면, 학생은 개별 과제를 마친 직후에 자기평가를 시작하고, 이 시간 체계를 사용하여 성공을 경험한 후에 둘 또는 그 이상의 과제를 마친 후로 시간 간격을 늘려야 한다.
- 개별 학생의 특성과 일치시켜야 한다. 예를 들면, 중증발달장애 학생은 자기평가를 하기 위하여 학교가 끝날 때까지 기다리게 한다면, 시간 간격이 너무 길어서 자신이 하는 과제와 자기평가를 관련짓지 못하기 때문에 시간 간격을 줄여야 한다.

자기평가의 개발 및 사용

4장에서 설명한 자기평가를 가르치는 모델인 네 시기 SPIN 순서를 사용하면, 첫 번째 시기는 자기평가를 하기 위해 학생의 표적행동을 선택(Select)하고, 그 행동에 대한 학생의 현재 수행 수준을 결정하기 위해 데이터를 수집하는 것이다. 예를 들면, 다음과 같다.

- 현재 학생은 매일 읽기 시간에 다섯 개의 과제 중에서 한 개의 과제를 마친다.
- 지시를 받았을 때, 학생은 3~9분까지 시간을 보내다 과제를 하기 시작한다.
- 학생이 그 날 하는 과제수행 행동의 정도에 따라, 학생의 정답 비율은 20~85%까지 다양하다.

SPIN의 두 번째 시기는 자기평가를 가르치고 사용하기 위해 교수자료와 수업계획서를 준비(Prepare)하는 것이다. 교사는 평가체계를 개발하고 어떻게 가르칠 것인지 미리 명시하여야 한다. 가르칠 때 사용할 타이머와 다른 교수자료를 모은다. 이때 교사는 학생이 배울 대체 행동을 고려할 수 있으며, 그러한 행동은 현재 부적절한 행동과 동시에 발생하지 않아야 한다.

SPIN의 세 번째 시기는 교수(Instruct) 부분으로, 이는 4장의 [그림 4-2]에서 설명한 10단계 교수과정을 특징으로 하며, 자기평가를 위해 수정될 수 있다([그림 5-3] 참조). 다시 한 번 살펴보면, 그 과정은 다음과 같이 세 부분으로 구성된다.

- 자기평가 할 행동 소개하기(1~3단계).
- 학생이 사용할 자기평가 도구 소개하기(4~5단계).
- 연습 기회 제공과 성취도 평가하기(6~10단계).

자기평가 할 행동 소개하기

처음 세 단계에서 장애학생은 자기평가에 사용되는 언어와 활동을 이해한다. 행동을 향상시켜야 하는 근본적인 이유도 파악한다. 선택된 행동과 학생

학생에게 자기평가를 가르치기 위한 10단계 교수과정
자기평가 할 행동 소개하기
① 바람직한 행동을 말하고, 예와 예가 아닌 것을 시범 보이기 ② 바람직한 행동의 혜택에 대하여 토의하기 ③ 바람직한 행동을 연습할 기회를 제공하고, 성취 기준을 제시하기
학생이 사용할 자기평가 도구 소개하기
④ 자기평가 절차를 소개하고 시범 보이기 ⑤ 바람직한 행동을 수행하면서 자기평가체계 시범 보이기
연습 기회 제공과 성취도 평가하기
⑥ 역할극을 통해 자기평가 절차와 자료를 사용하도록 안내된 연습 제공하기 ⑦ 실제 상황에서 스스로 연습할 기회 제공하기 ⑧ 역할극을 통해 학생의 자기평가 성취도 평가하기 ⑨ 실제 상황에서 스스로 연습할 기회 제공하기 ⑩ 실제 상황에서 학생의 자기평가 성취도 평가하기

그림 5-3 학생에게 자기평가를 가르치기 위한 10단계 교수과정

출처: King-Sears, M. E., & Carpenter, S. L. (1997). *Teaching self-management to elementary developmental disabilities* (p. 25). Washington, DC: American Association on Mental Retardation; adapted by permission.

의 특성에 따라 다르지만, 일반적으로 많은 학생이 세 단계를 한 회기에 마친다.

[1단계: 바람직한 행동을 말하고, 예와 예가 아닌 것을 시범 보이기]

과제 결과물(예, 제출한 과제의 정확도)에 관하여 말하든지, 기술(예, 수업 또는 자습 시간 동안에 적절한 행동)에 관하여 말하든지, 그 행동을 명명하거나 확인하는 데 사용되는 용어나 언어를 학생에게 명백하게 할 필요가 있다. 4단계에서 소개된 자기평가체계는 학생이 행동을 평가하기 때문에, 1단계에서 사용된 예와 예가 아닌 것은 다양한 수준의 수행을 포함하기 위하여 단순히 "이것은 적절한 행동입니까?" 또는 "이것은 적절한 행동이 아닙니까?"라는 질문에 대답하는 것 이상이어야 한다. 예를 들면, 다음과 같다.

- 나는 얼마 동안(대부분, 보통, 전혀) 행동을 잘하였습니까?
- 나의 행동은 어느 정도(매우, 보통, 저조)였습니까?
- 나는 '매우 좋다'를 시범 보이겠습니다. 나는 '보통이다'를 시범 보이겠습니다. 나는 '저조하다'를 시범 보이겠습니다.

[2단계: 바람직한 행동의 혜택에 대해 토의하기]

행동을 잘하면 어떤 혜택이 있는지 학생에게 명확히 알게 해야 한다. 학생은 적절하게 반응하는 것이 더 바람직하고, 결과적으로 자신에게 더 도움이 된다는 사실을 어느 정도 이해하거나 깨달아야만 한다. 교사는 '혜택'의 개념을 이해하지 못하는 장애학생에게는 바람직한 행동을 하였다는 의미의 말이나 웃는 얼굴로 표현을 한다. 다른 장애학생은 그 학생의 언어 및 지적 능력 수준에 따라 언어 또는 구를 사용하여 바람직한 행동의 혜택에 대하여 설명한다. 예를 들면, 표적행동이 제시간에 등교하기인 중증인지장애 학생은 옷을 입고 몸치장을 하고 제시간에 학교에 도착한 자신의 모습이 찍힌 사진을 지적함으로써 혜택에 대하여 의사소통을 한다. 과제를 마치기 위해 공부하고 있는 다른 학생은 "과제를 잘했다!" 또는 유사한 구를 말함으로써 자신의 보상을 간단하게 말로 표현할 수 있다.

많은 장애학생이 혜택의 개념을 이해하고 소통할 수 있지만, 이러한 경우에 교사는 혜택이 자기 자신이 아니라 학생에게 동기를 주는 것이라야 한다는 사실을 명확히 하여야 한다. 예를 들면, 발달장애 학생에게 사회적 기술을 가르쳤던 고등학교 교사는 사회적 행동(예, 친구 사귀기)의 향상이 그 학생에게 혜택이라고 확신하였다. 이 교수 순서의 2단계 동안, 그 교사는 학생이 혜택이라고 생각하는 것을 알 필요가 있었다. 첫째, 교사는 혜택이라는 용어를 "이것이 너를 어떻게 도와주니?"라는 질문으로 바꾸어 말하였다. 이것은 그 학생으로부터 '더 잘 듣고, 말하고, 행동하는 것'이 자기 자신을 도와주는 방법이라는 것을 유도해 내는 것이다. "다른 교실로 가는 동안, 나는 복도에서 다른 학생과 대화를 더 잘할 수 있다." "나는 쉬는 시간에 친구와 대화를 할 수 있다." "나는 다른 아이와 함께 대화할 때 말을 더 많이 할 수 있다."

[3단계: 바람직한 행동을 연습할 기회를 제공하고, 성취 기준을 제시하기]

연습 회기를 통하여 학생은 자신이 여러 번 수행한 행동들 중에서 어떤 행동이 가장 바람직한 행동인지를 명확하게 알 수 있다. 자기평가는 학생이 일련의 행동을 하고 판단하도록 하기 때문에, 3단계에서 그러한 행동을 설명하고 보여 주는 것이 학생에게 도움이 된다. 예를 들면, 표적행동이 과제수행을 향상시키는 것이라면, 3단계 동안에 학생은 '매우 잘함' '보통' '노력 요함' 수행을 연습하고 명명할 것이다. 3단계에서 연습은 간결하고 짧게 해야 한다. 이 단계 동안에는 자기평가 도구를 사용하지 않는다. 자기평가 도구는 4단계에서 소개한다. 학생에게 다음 단계에 사용되는 용어와 구에 익숙하도록 소개할 수는 있지만, 학생이 이 단계에서 그러한 용어와 구를 습득 또는 숙달할 것이라는 기대를 하지 않는 것이 좋다.

학생이 사용할 자기평가 도구 소개하기

[4단계: 자기평가 절차를 소개하고 시범 보이기]

4~5단계 동안, 교사는 자기평가체계를 설명하고 시범을 보인다(예, 도구와 도구 사용 절차). 두 단계는 주로 한 회기에 마친다. 4단계에서는 1단계에서 연습한 일련의 예와 예가 아닌 것뿐만 아니라 향상된 표적행동의 혜택(2단계)에 표적행동을 잘하고 있는지 파악하기 위하여 그 학생이 사용할 자료(예, 도구)와 절차(예, 그 학생이 도구를 어떻게 사용하는지)가 첨부된다. 이 단계에서 교사는 자기평가 도구와 학생이 도구에 명시된 척도에 따라 자기 자신을 평가하는 방법을 설명한다.

학생이 실제 자기평가를 하는 시간 간격은 일반적으로 4단계에서는 짧아진다. 즉, 교사는 학생이 (자연적인 환경에서) 약 15분마다 자기평가를 하도록 계획하였다 하더라도, 전략을 배우는 4단계(또한 5단계와 6단계) 동안에는 학생이 연습을 더 자주 할 것이다. 4단계 동안, 교사는 시범을 보이기 위하여 카세트테이프에 10~40초 간격으로 '삐' 소리가 나도록 녹음시켜 사용할 수 있다. 또한 교사는 과제의 일부분을 하고 나서 4단계 동안에 자신이 수행한 과제에 근거하여 자기 자신을 평가한다. 교사는 의도적으로 다양한 수행에 대하여 설명하고 시범을 보이며, 그 결과 학생은 평가체계(예, 자기평가 도구)와 수행에 적합한 '평가'가 어떤 것인지를 알게 된다.

자기평가 평정체계는 일련의 수행을 나타내는 그림, 수, 구 또는 문자를 사용할 수 있다. 학교에서 낙오할 위험이 있는 중학생은 자기평가 절차를 사용하여 자신의 행동을 문자 기준(letter grade)(예, 수, 우, 미, 양, 가)으로 평가할 수 있다(Peterson, Young, West, & Peterson, 1999). 문자 기준은 학교 성적표 평가체계와 같다.

H=우수: 학생은 교사가 기대하는 행동을 모두 다 한다.
S=만족: 학생은 교사가 기대하는 행동 한 개를 제외하고 모두 다 한다.
N=노력 요함: 학생은 교사가 기대하는 행동 두 개를 제외하고 모두 다 한다.
U=바람직하지 않음: 학생은 교사가 기대하는 행동 세 개를 제외하고 모두 다 한다.

이 평가체계가 쉬워 보이지만, 학생이 교사가 제시한 기준을 이해하지 못하면 자기평가를 정확하게 할 수 없을 것이다. 앞에서 언급한 바와 같이, 교사는 학생에게 다양한 기준(H, S, N, U)에 맞는 행동 또는 기대가 무엇인지 명확하게 설명해야 한다.

[5단계: 바람직한 행동을 수행하면서 자기평가체계 시범 보이기(모델링)]

모델링 시기 동안, 교사는 어떻게 자기평가 도구를 사용하는지 '소리 내어 생각하기'를 한다. (소리 내어 생각하기) 모델링하면서, 교사는 학생에게 한 행동의 상대적인 수행(예, 수, 우, 미, 양, 가)을 결정하는 데 사용되는 사고과정을 명확하게 한다. 이러한 점에서 이 절차는 자기교수(3장 참조)와 유사하다.

- "나는 방금 '삐' 하는 소리를 들었다. 나는 이전에 '삐' 하는 소리를 들은 후 지금까지 전체 시간 동안 내가 한 행동을 평가한다. 나의 행동은 매우 잘함, 보통, 저조함 중 어느 것인가? 나는 매우 잘함, 보통, 저조함 행동의 그림을 보아야 한다. 내가 한 행동과 일치하는 그림은 어떤 것인가? 자, 나는 과제를 다 하였고, 친구와 과제에 대한 이야기만 하였으며, 계속해서 과제를 하였다. 나는 매우 잘하였기 때문에 검목표의 매우 잘함에 표시할 것이다."
- "타이머에 맞추어 놓았던 시간이 다 됐다. 나는 과제를 얼마나 하였나? 나는 과제를 많이, 보통, 적게 하였나? 자, 나는 반 친구와 몇 분 동안 어젯밤 텔레비전 프로그램에 대해 이야기하였지만, 과제를 거의 다 하였다. 내가 공부를 더 열심히 하였다면, 과제를 다 할 수 있었을 것이다. 그래서 나는 보통으로 표시할 것이다."
- "다른 수업을 할 시간이다. 이 수업시간 동안 내가 했던 과제의 질을 스스로 평가할 시간이다. 내가 한 과제의 질은 수, 우, 미, 양, 가 중 무엇인가? 내가 한 과제의 질을 평가하기 위하여 나는 내가 한 것과 그것을 한 방법을 '수'의 예와 비교할 필요가 있다. 음…… 보자…… 내가 한 과제의 질은 '미'보다는 잘하였지만 '수'보다는 좋지 않다. 나는 내가 한 과제를 '우'라고 평가한다."

교사는 4~5단계에서 '수'가 아닌 행동과 평가를 설명하고, 시범을 보이는 것 역시 중요하다. 가능한 한 모든 평가에 초점을 맞추고 시범을 보여 주어야만, 학생이 역할극뿐만 아니라 자연적인 환경에서 평가 간 차이를 잘 구별할 수 있다.

연습 기회 제공과 성취도 평가하기

[6단계: 역할극을 통해 자기평가 절차와 자료를 사용하도록 안내된 연습(guided practice) 제공하기]

나머지 단계는 학생이 자기평가를 왜, 언제, 어떻게 사용하는지 알도록 하기 위하여 연습, 숙달 그리고 토론하는 것에 초점을 맞추고 있다. 교수 시간 대부분은 연습과 숙달을 하는 6단계와 7단계에서 사용된다.

1~5단계에서도 학생이 적극적으로 참여하였지만, 이전의 모든 활동이 역할극과 다른 유형의 연습을 하는 데 사용되는 6단계에서 학생의 참여는 더 증가한다. 이제 학생은 교사에게서 도움을 받아 자기평가체계를 연습하는 단계에서 스스로 자기평가체계를 사용하는 단계로 나아가기 시작한다. 역할극과 통제된 또는 모의 상황은 학생이 그 절차를 숙달하도록 한다. 교사는 역할극을 적게 또는 많이 사용할 것이다. 6단계의 초점은 학생이 7단계에서 완전히 학습할 수 있도록 충분히 연습시키는 것이다. 6단계에서 시간을 더 많이 보내면 보낼수록, 학생이 자연적인 환경에서 정확하게 자기평가를 할 가능성이 높아진다.

[7단계: 실제 상황에서 스스로 연습할 기회 제공하기]

교사는 145쪽 [그림 5-8]에 제시된 검목표를 사용하여 각각의 학생이 역할극 상황에서 정확하게 자기평가를 할 수 있는지 검사한다. 7단계에 대한 검목표를 사용하여 학생을 평가한다. 학생이 7단계를 숙달하지 못하였다면, 다시 6단계로 가서 역할극을 사용하여 연습한다. 학생이 7단계를 숙달할 때까지 이 과정을 되풀이한다.

[8단계: 역할극을 통해 학생의 자기평가 성취도 평가하기]

8단계에서 교사는 학생이 무슨 과목, 과제 또는 시간에 자기평가 전략을 사용할 것인지를 분명히 해야 한다. 처음부터 하루 종일 자기평가를 하도록 하는 것이 아니라, 하루에 한 시간, 한 과목 또는 일련의 과제에 초점을 맞추도록 제안한다. 이렇게 하면, 교사와 학생은 자기평가를 더 잘할 수 있을 것이며, 자기평가의 사용을 다른 과제 및 다른 시간으로 전이하기가 더 쉽고 빠를 것이다. 또한 다음에 제시된 쟁점이 8단계에서 논의될 것이다.

- 자기평가 도구를 어디에 둘 것인가?
- 자기평가를 하도록 단서를 주기 위하여 타이머를 사용한다면, 타이머는 어디에 둘 것인가? 타이머는 누가 설정할 것인가?
- 학생이 그 시간에 자기평가를 한 후, 자기평가 도구를 어디에 가져다 놓을 것인가?
- 자료가 준비되었는지 누가 매일 확인할 것인가?
- 교사와 학생은 언제 추후 검사를 실시할 것인가?

[9단계: 실제 상황에서 스스로 연습할 기회 제공하기]

자연적인 교실 환경에서 교사가 학생의 수행을 관찰하는 연습 회기는 교사에게 학생의 자기평가 전략 사용에 대한 피드백을 제공하고 칭찬할 수 있는 기회를 제공한다. 학생이 능숙하게 사용하게 되면, 교사는 학생에게 제공하는 피드백을 점차 줄여야 한다.

[10단계: 실제 상황에서 학생의 자기평가 성취도 평가하기]

10단계는 교사가 교실에서 학생에게 피드백, 칭찬 및 '지원'을 하거나, 자기평가를 다시 가르치는 회기를 제공한다. 어떤 학생은 수행 향상을 표적환경이 아닌 다른 환경으로 일반화—모든 장애학생 및 비장애학생에게 매우 바람직한 결과—하기 시작한다. 궁극적인 목표는 학생이 전략을 스스로 사용하도록 하는 것이지만, 교사는 어느 정도 계속해서 추후 검사를 하여야 한다. 이렇게 하는 한 가지 방법은 학생이 평정척도를 바르게 사용할 수 있도록 교사가 학생과 함께 주기적으로 평정척도 도구를 작성하는 것이다.

마지막으로, SPIN의 네 번째 시기에 교사는 학생 데이터를 계속해서 수집하여, 자기평가 중재가 바람직한 행동에 미치는 영향을 기록(Note)할 수 있다.

자기강화

(4장에서 설명한) 자기점검과 (이 장에서 설명하는) 자기평가는 모두 학생이 미리 정한 수행 수준에 도달하면, 그 학생은 그 수준에 적절한 강화물을 받을 수 있다. 학생이 스스로 자기 자신에게 강화물을 제공하는 것이 자기강화다. 이 장의 후반부에 설명한 것과 같이, 교사는 초기에 자기강화 시기(phase)를 점검하고, 그 뒤에 학생이 무엇을 해야 하는지 알게 되면 학생에게 제공하던 도움을 점차 감소시킨다. 학생이 스스로 강화물을 선택하고 이용하는 것이 이상적이다.

자기점검, 자기평가, 목표설정과 함께하는 자기강화

자기강화는 종종 자기평가 또는 자기점검의 확장으로 취급된다. 그것만으로, 자기점검 또는 자기평가에 근거하여 자신의 목표를 성취하였거나 자신의 과제를 마쳤을 때 학생은 강화물을 이용할 수 있다. 예를 들면, McDougall과 Brady(1998)는 일반학급에 있는 (장애학생을 포함하여) 모든 학생에게 수학계산을 하는 동안 과제수행 행동을 스스로 점검하도록 가르쳤다. 거의 모든 학생이 수학문제를 계산하는 정확성과 속도가 향상되었을 뿐만 아니라 일반화 영역의 문장제 문제에 대한 학생의 수행도 향상되었다. 학생의 자기점검은 자신의 책상 위에 붙여 놓은 양식에 적혀 있는 질문 옆에 있는 '예' 또는 '아니요' 칸에 체크 표시를 하는 것이었다. 처음에 학생은 자신이 주의를 집중하고 있는지 자기점검을 하기 위하여 "나는 주의를 집중하고 있습니까?"라는 질문에 대답한다. 공부시간이 끝날 때쯤에 학생은 자신이 공부한 양을 자기점검하기 위하여 "나는 과제를 빨리 하였습니까?"라는 질문에 대답한다.

자기강화의 구성 요소는 자기점검에 두 가지 요소를 더 포함시켰다. 첫째, 학생의 수학 유창성이 향상되었는지 여부를 파악할 수 있도록 시각적 형식을 사용하여 정확하게 계산한 문제의 수를 그래프로 나타냈다. 둘째, 학생의 수행이 향상되면(예, 그래프를 검사하여), 향상된 정도에 따라 학생이 받을 토큰 점수는 얼마인지, 그리고 학생이 강화물과 교환할 수 있을 정도의 토큰 점수가 되는지를 결정한다. 여기에서 중요한 점은 학생이 토큰과 강화물을 받으려고 서로 경쟁하지 않는다는 것이다. 학생의 자기강화는 개별화된 수행과 향상 여부에 따라 결정되기 때문에, 개별 학생이 토큰 및 강화물을 받기 위하여 자신의 수행을 향상시키려고 노력하도록 하였다.

초등학교 1학년 중복장애(발달장애와 청각장애) 여학생은 자기강화 방법을 사용하여 학교 복도를 어떻게 더 빨리, 안전하게, 혼자서 걸어 다니는지를 배웠다(King-Sears, 1999). 학생의 강화물은 등교시간 내에 교실에 도착하면, 학생이 자신의 달력 위에 붙일 수 있는 스티커였다. 스티커를 달력에 붙이도록 하는 연습이 그 학생에게 매우 구체적인 강화물을 제공하였을 뿐만 아니라 따라야 할 일상과 시간표를 알도록 하였다. 중재 결과에 따르면, 학생은 혼자서 목적지에 갈 수 있었을 뿐만 아니라 습득한 행동이 일반화되었다. 예를 들면, 연구가 종료될 쯤에 이 학생은 어떤 장소(예, 점심을 먹기 전에 약을 복용하러 보건실에 갈 때)에 혼자서 갈 수 있었다. 또한 다음 학기 초에도 복도를 적절하고 안전하게 걸어 다녔다. 자기강화 도구에서 수정해야 할 것은 새로운 목적지가 2학년 교실이라는 것이었다.

한 학생이 자기평가를 하여 (그리고/또는 평가를 계속하여) 미리 정한 기준을 성취하면, 자기평가를 쉽게 추가할 수 있다. 예를 들면, 학생이 1~3점 척도를 사용하여 4일 동안 연속해서 자신을 3(가장 좋은 점수)으로 평가하였다면, 그 학생은 자신이 수행을 잘한 것에 대하여 자신에게 보상할 것이다. 학생을 위한 자기강화 도구의 예를 [그림 5-4] [그림 5-5] [그림 5-6]에 제시하였다. 몇 가지 도구는 목표를 설정하는 요소를 포함하고 있다는 사실을 언급하고 있다.

학생 성명: 앤젤라 오늘 날짜: 10월 15일

사용법: 종소리를 들으면, 지난 번 종소리를 들었을 때부터 지금까지 얼마나 많이 풀었는지를 생각하시오. 얼마나 많이 풀었는지 자기 자신을 1, 2, 3으로 평가하시오.

1	2	3
적게 풀었다	반 정도 풀었다	많이 풀었다

첫 번째 종소리: 몇 문제 풀었습니까?	1	(2)	3
두 번째 종소리: 몇 문제 풀었습니까?	1	2	(3)
세 번째 종소리: 몇 문제 풀었습니까?	1	(2)	3
네 번째 종소리: 몇 문제 풀었습니까?	1	(2)	3
다섯 번째 종소리: 몇 문제 풀었습니까?	1	2	(3)
여섯 번째 종소리: 몇 문제 풀었습니까?	1	2	(3)
일곱 번째 종소리: 몇 문제 풀었습니까?	1	2	(3)

그림 5-4 청각단서를 사용하는 앤젤라를 위한 자기평가 서식 예

학생 성명: 앤서니

사용법: 수학문제를 풀고 답을 확인하시오. 12 (여기에 당신의 목표를 쓰시오.) 문제를 바르게 풀면, 당신은 (당신이 받고 싶어 하는 것에 동그라미를 치시오.)

- 물 마시러 갔다 온다.
- 5분 동안 잡지를 읽는다.
- 5분 동안 이야기를 듣는다.

24+14= 38	59-26= 33	87+15= 102	68-29= 39
71+33= 104	92-35= 57	43-38= 5	18-9= 9
42+13= 55	17+58= 75	22-18= 4	34+15= 49

채점하시오. 몇 문제를 맞혔습니까? 12

위에 동그라미를 친 항목을 받을 수 있는 만큼 문제를 맞았습니까? 예 아니요

만약 '예' 라면, 가서 보상을 받으시오.

만약 '아니요' 라면, 보상을 받기 위해 몇 문제를 더 맞혀야 합니까? ____

당신의 목표인 12 문제를 맞힐 때까지 계속 문제를 푸시오.

68+28=	45-27=	26-9=	97+3=
40-9=	55+5=	88-29=	33-18=

그림 5-5 수학문제 평가하는 것을 배우고 있는 앤서니를 위한 자기강화 도구의 예

학생 성명: 모리스 날짜: 11월 4일

사용법: 문제를 정확하게 빨리 풀 때마다 구슬을 병에 넣으시오. 병이 가득 차면, 당신은 보상을 받는다(당신이 받고 싶은 것에 동그라미를 치시오).

친구와 10분 동안 농구하기

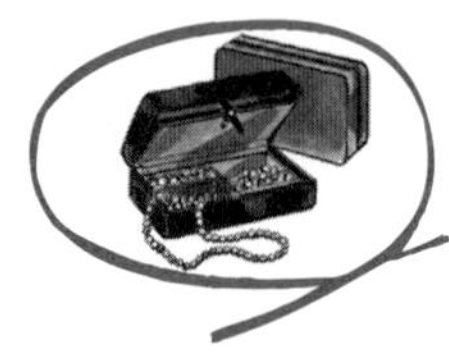
보물 상자에서 하나 선택하기

10분 동안 그림 그리기

그림 5-6 과제를 정확하게 빨리 하는 법을 배우고 있는 모리스를 위한 자기강화 도구의 예

출처: Clip art images are copyright © 2001 Microsoft Corporation, One Microsoft Way, Redmond, Washington 98052-6399 U.S.A. All rights reserved.

강화물 확인하기

자기강화체계를 개발하여 사용하는 데 가장 중요한 것은 학생을 강화하는 것이 무엇인지를 파악하는 것이다. 학생이 어떤 유형의 강화물을 선호하는지를 파악하기 위한 몇 가지 방법이 다음에 제시되어 있다.

- 학생에게 질문한다.
- 놀이, 취미 또는 흥미에 대한 학생의 선호도를 관찰한다.
- 학생의 가족에게 학생이 여가 시간에 무엇을 하고 싶어 하는지를 물어본다.
- 학생이 남는 시간에 무엇을 하고 싶어 하는지에 대한 흥미 목록을 작성하게 하거나 읽어 주고 답을 적는다.
- 적절한 강화물 사진을 보여 주고, 학생이 공부하고 나서 받고 싶은 강화

물을 지적하게 한다.

- 게시판 또는 폴더에 강화물 '메뉴'를 만들어, 학생이 공부하고 나서 받고 싶은 강화물 옆에 자신의 이름을 적도록 한다.
- 학생이 공부하고 나서 받고 싶은 강화물과 자기강화체계를 사용하여 그것을 받을 수 있는 조건을 파악하여 학생과 학습계약(learning contract, 10문제를 맞히면 어떤 강화물, 8문제를 맞히면 어떤 강화물)을 제공한다.

강화물은 학생의 연령과 흥미에 따라 다양하다. 예를 들면, 세 명의 10대 자폐장애 학생은 자신의 의사소통 기술을 향상시키기 위하여 자기강화를 사용하도록 배웠다(Newman, Buffington, & Hemmes, 1996). 학생이 받고 싶어 하는 강화물은 헤드폰으로 자신이 선택한 음악 듣기, 체육관에 가기, 휴식하기, 또는 자신이 선택한 교직원과 상호작용하기다.

자신이 선택한 강화물을 목표로 정하고 그것을 받기 위해 공부하는 장애학생은 몇 가지 중요한 결과를 달성하였다. 첫째, 학생은 행동을 향상시키기 위하여 어떻게 자기강화를 사용하고, 목표를 정하며, 강화물을 선택하는지를 배웠고, 그 결과 학생은 자기통제 능력과 자립 능력을 촉진하였다(Wehmeyer, Palmer, Agran, Mithaug, & Martin, 2000). 둘째, 학생의 독자적인 수행은 항상 중요하지만, 성인(예, 일반교사, 특수교사, 학습보조원, 또는 치료사)이 장애학생에게 행동을 가르치고 관리하는 통합환경에서 특히 더 중요하다. 학생이 어떻게 자기강화를 하는지 배울 수 있는 정도에 따라 그것의 사용에 대한 책임이 교사로부터 학생에게 옮겨 간다. 예를 들면, 과제를 마치기 위해 책에 있는 그림촉구를 어떻게 따라 하는지를 배우고 있는 초등학교 자폐장애 학생도 과제를 시작하기 전에 자신의 강화물을 선택한다(Pierce & Schreibman, 1994). 학생이 과제를 잘하고, 부적절한 행동을 거의 하지 않으며, 혼자서 자기강화를 사용할 수 있게 되면, 성인은 점차 학생이 스스로 하도록 하고 관여하지 말아야 한다.

자기강화 교수

자기평가와 비슷하게, 수정된 네 시기 SPIN 순서를 사용하여 자기강화를 가르칠 수 있다(King-Sears & Carpenter, 1997). 첫 번째 시기에 교사는 자기강화를 하기 위한 표적행동을 선택하고(Select), 그 행동에 대한 학생의 현재 수행 수준을 결정하기 위하여 데이터를 수집한다. 이 시기에 교사는 학생이 표적행동을 하는 환경을 조사하고, 자기강화가 특정한 표적행동에 적절한 중재인지 여부를 결정한다. 교사가 학생의 현재 수행 수준에 대한 기초선 데이터를 수집할 때, 교사는 추후에 자기강화 중재의 효과를 결정할 수 있도록 점검체계를 갖게 된다. 또한 교사는 개별화교육프로그램(Individualized Education Program: IEP)의 장·단기 목표를 달성하도록 지원하기 위하여 이러한 데이터를 자주 사용한다.

자기강화를 위한 SPIN의 두 번째 시기는 자기강화 중재를 가르치고 사용하기 위한 교수자료와 수업계획서를 준비하는(Prepare) 것이다. SPIN의 세 번째 시기는 4장에 제시된 10단계 교수 순서의 특징을 나타내는 교수(Instruct) 부분이다. 10단계 교수 순서는 교사가 학생에게 언제, 어떻게 자기강화를 사용하는지를 보여 주면서 단계적으로 가르치도록 한다. 마지막으로, SPIN의 네 번째 시기에 교사는 계속해서 학생 데이터를 수집하여 자기강화가 학생의 표적행동에 미친 영향을 기록(Note)한다.

자기강화 할 행동의 소개 및 연습

교사가 자기강화를 하기 위한 학생의 행동을 선택한 후, 학생에게 그 행동의 예와 예가 아닌 것을 소개하고 연습하게 한다. 1~3단계는 자기강화 도구를 사용하는 것이 아니라, 학생이 자기강화 할 행동을 정하고, 교사가 그 행동을 하는 것을 보며, 학생 스스로 그 행동을 수행하고, 그 행동을 잘하는 것이 자신에게 도움이 되는 이유를 파악하는 데 초점을 맞춘다.

[1단계: 바람직한 행동을 말하고, 예와 예가 아닌 것을 시범 보이기]

첫 단계의 초기에 교사는 다음 단계에서 사용될 바람직한 행동을 정하고, 학생에게 그 행동의 예와 예가 아닌 것을 시범 보이는 데 사용되는 언어에 초점을 맞춘다. 표적행동과 구어 또는 비구어를 이해하고 표현하는 학생의 능력에 따라, 교사는 과제 분석을 하거나 1단계에서 사용되는 과제와 용어를 바꾸어 말한다. 학생이 상급 용어를 이해하고 사용할 수 있으면, 그러한 용어를 사용한다. 예를 들면, 학습장애를 가진 영재로 진단을 받은 중학생이 과제수행 행동을 증가시키기 위하여 노력하고 있다. 특수교사는 두 개의 목록—과제수행 행동과 과제이탈 행동—을 만들었다. 교사와 학생은 목록의 제목을 '생산적인' 행동과 '방해하는' 행동으로 새로 명명하고, 그다음의 토론(2~10단계)은 그 학생이 이해하거나 배울 수 있는 단어와 언어로 구성하였다. 반대로, 어떤 장애학생은 바람직한 행동을 확인하고 예와 예가 아닌 것을 명명하기 위하여 더 단순한 용어와 그림을 사용할 것이다. 요점은 학생이 사용하는 언어를 이해하고 표현할 수 있는 방법(예, 그림을 가리키는 것)이 있어야 한다는 것이다.

[2단계: 바람직한 행동의 혜택에 대해 토의하기]

학생이 표적행동을 향상시키는 것이 왜 중요한지에 대한 근본적인 이유가 2단계의 기초가 된다. 학생에게 성과란 무엇인가? 행동이 향상되면 학생에게 어떻게 도움이 되는가? 학생이 수행을 향상시키는 것이 왜 중요한가? 교사는 학생의 수행이 향상되면 혜택이 많다는 것을 알고 있지만, 학생 스스로 2단계의 기초가 되는 개념을 '받아들여야 할' 필요가 있다. 그러한 혜택이 학생을 동기화시키지 못하면, 학생은 자기강화를 해야 할 이유가 최소화된다. 교사는 학생의 관점에서 2단계에 접근할 필요가 있다. 학생은 자신의 수행 향상이 어떤 혜택을 줄 것으로 여길 것인가?

[3단계: 바람직한 행동을 연습할 기회를 제공하고, 성취 기준을 제시하기]

1~2단계를 합한 3단계는 표적행동을 향상시키기 위한 근본적인 이유와 함께 표적행동을 연습할 기회를 몇 번 더 제공한다. 예와 예가 아닌 것을 연습하고, 몇 개의 예는 학생이 이 연습 회기의 일부에서 이후에 무엇을 습득해야 하는지 확실하게 설명하여야 한다. 이 단계에서 교사는 7단계에서 달성하여야 할 성취를 이 단계에서 요구하지 말아야 한다.

자기강화 도구 소개하기

다음 두 단계의 초점은 학생에게 자기강화 도구와 절차를 소개하는 것이다. 교사는 절차를 설명하고, 사용될 자료(materials)를 보여 주며, 시범을 보이면서 어떻게 자기강화를 사용하는지 설명한다.

[4단계: 자기강화 절차와 자료 설명하기]

SPIN의 준비 시기로, 교사는 이미 어떤 자기강화 도구와 절차를 사용할 것인지 결정하였다. 4단계는 교사가 학생에게 도구와 절차를 설명하는 시기다. 2단계와 비슷하게 향상된 행동의 혜택을 확인하였을 때, 4단계 동안에 이러한 혜택은 학생이 그러한 혜택을 받을 수 있도록 도와줄 수 있는 도구로서 자기강화와 결합된다.

[5단계: 바라는 행동을 수행하면서 자기강화체계 시범 보이기(모델링)]

자기강화 도구와 절차를 사용하는 동안에 교사는 학생이 자기강화 도구를 사용하고, 자신의 행동을 결정하며, 강화물을 받을 수 있게 충분히 적절한 행동을 하였을 때, 그 학생이 생각하는 것을 소리 내어 말하게—또는 모델링—한다. 이전에 언급한 것과 같이, 이 단계는 부분적으로 자기교수를 포함하고 있다.

연습 기회 제공과 성취도 평가하기

이제 학생은 교사가 자기강화를 사용하는 것을 보아 왔기 때문에, 무엇을, 왜, 어떻게 자기강화 할 것인지에 대하여 알고 있다. 그러나 학생은 그러한 내용을 습득하려면 시간이 더 필요하다. 6단계에서 10단계는 주어진 과제에 대한 자기강화의 사용법, 사용할 때와 방법, 그리고 실제 상황에서 자기강화를 사용하도록 학생을 습득시키는 데 초점을 맞추고 있다.

[6단계: 역할극을 통해 자기강화 절차와 자료를 사용하도록 안내된 연습 제공하기]

안내지도를 제공하는 6단계는 교사가 학생을 가르치는 데 걸리는 시간이 가장 길다. 6단계를 배우기 전까지 학생은 자기평가체계, 혜택 그리고 사용 방법에 대하여 배웠다. 이제 학생은 일반적으로 며칠간 또는 연습 회기 동안 자기강화 도구의 사용법과 절차에 대해 연습할 것이다. 이 단계에서 학생이 자기강화의 사용 시기와 방법에 대하여 숙달하도록 가르친다. 역할극은 자연적인 상황과 유사한 상황에서 학생을 두 집단으로 나누어 자기강화를 연습시킬 수 있다.

[7단계: 역할극 상황에서 학생이 자기강화 절차를 습득한 정도 평가하기]

학생이 자기강화를 능숙하게 사용할 수 있게 되면, 교사는 [그림 5-8]에 제시된 검목표를 사용하여 개별 학생을 평가한다. 학생이 능숙하게 사용하지 못하는 영역이 있다면, 교사는 학생에게 연습할 기회(예, 6단계)를 제공한다. 이 평가는 성적을 매기는 것도 아니고 정식 평가도 아니다. 오히려 이 평가는 전적으로 형성 평가로, 교사에게 앞으로 역할극을 계획하거나 학생이 다음 단계로 나아가도록 하는 정보를 제공한다.

학생 성명: 제니스　　　　　　　　날짜: 12월 3일

나의 목표는 4 일 동안 행동을 잘하는 것이다.
목표를 달성하면, 나는 나 자신에게 숙제 없음으로 보상한다.

1	2	3	4	5
매우 부족	부족	보통	양호	매우 양호

사용 방법: 아래 칸에 각각의 날짜를 적으시오. 매 수학시간이 끝나면, 자신의 행동을 가장 잘 설명하는 점수에 동그라미를 치시오. 목표를 달성하면, 이 용지를 교사에게 제출하고 보상을 받으시오.

날짜					
날짜: 12월 3일	1	2	3	4	(5)
날짜: 12월 4일	1	2	(3)	4	5
날짜: 12월 5일	1	2	3	(4)	5
날짜: 12월 6일	1	2	3	(4)	5
날짜: 12월 7일	1	2	3	4	(5)
날짜: 12월 10일	1	2	3	(4)	5
날짜: 12월 11일	1	2	3	4	(5)
날짜: 12월 12일	1	2	(3)	4	5
날짜: 12월 13일	1	2	3	(4)	5
날짜: 12월 14일	1	2	3	4	(5)

명심하시오! 이 용지를 사용하여 보상을 받았다면, 다음에는 새 용지를 받아 시작하여야 한다는 사실을 잊지 마시오. 자신을 위한 새로운 목표를 정하고 그다음에 받을 보상을 확인하시오.

그림 5-7 제니스가 목표를 설정하도록 도와주는 자기강화 도구의 예

학생들의 자기평가/강화 습득을 위한 평가 검목표		
안내 및 독립 연습 동안 습득 지표	예	아니요
1. 학생이 바람직한 행동의 예와 예가 아닌 것을 확인하였습니까?		
2. 학생이 바람직한 행동의 예와 예가 아닌 것을 보여 주었습니까?		
3. 학생이 연습 또는 강화 회기 동안에 적절한 절차에 따라 자기평가 또는 강화 전략 그리고 자료를 사용하였습니까?		
4. 학생이 자기평가 전략 자료를 정확하게 사용하였습니까? (교사와 학생이 함께 기록 도구를 채워서 학생의 정확도를 점검한다.)		
5. 학생이 바람직한 행동의 혜택을 설명할 수 있습니까?*		
6. 학생이 자기평가 전략 또는 강화의 혜택을 설명할 수 있습니까?*		

* 대답할 수 있는 학생의 언어능력에 의해 결정되는 선택적 평가 기준

그림 5-8 7~10단계 동안 자기평가 또는 자기강화 체계를 위한 습득에 대한 검목표

출처: King-Sears, M. E., & Carpenter, S. L. (1997). *Teaching self-management to elementary students with developmental disabilities* (p. 27). Washington, DC: American Association on Mental Retardation; adapted by permission.

[8단계: 자기강화가 사용될 구체적인 상황에 대해 토론하기]

SPIN의 선택 시기 동안에 교사는 학생이 표적행동을 향상시키기 어렵다고 생각하는 특정한 시간 주기 또는 상황을 선택하여, 학생의 현재 수행 수준에 대한 정보를 제공하는 기초선 데이터를 수집한다. 이전 단계에서 연습 기회, 혜택 그리고 역할극이 다양한 상황에 적용되었다. 그러나 8단계에서 대부분의 교사는 학생이 하나의 구체적인 상황 또는 시간에 자기강화를 사용하도록 결정하였다. 이때 학생은 자기강화를 사용하는 데 숙달되었다는 것을 확실하게 보여 주었고, 자기강화가 자신에게 혜택을 주는 이유도 알고 있다. 이제 학생은 자기 자신이 어디서 그리고 언제 자기강화를 사용하는지 알기 위하여 준비를 한다. 교사는 학생이 연습시간 동안 자기강화를 사용할 수 있도록 다음과 같은 제안을 할 수 있다.

- 매일 수업을 시작할 때, 당신이 얼마나 잘 준비하였는지를 주의 깊게 관찰하라. 당신이 연속해서 4일 동안 준비를 잘하였다면, 당신은 '숙제 없는 날' 허가증을 받는다. 수업이 끝날 때 당신은 숙제 폴더에서 허가증을 꺼내서 검목표와 함께 교사에게 제출하면, 교사는 당신이 숙제 없는 날이라는 것을 안다.
- 수학시간에 당신이 해야 할 과제를 다 한 후, 당신은 교사에게 '보상 메뉴'에 있는 어떤 항목을 받을 수 있는지 말하라. 당신은 과제 검목표에 있는 세 개의 과제를 다 하면, 5분 동안 쉬는 시간을 가지라!

9단계는 언제 그리고 어떻게 학생이 강화물을 이용할 수 있는지에 대하여 토의한 내용에 주목한다. 만약 학생이 명시된 수행 수준을 달성하자마자 즉시 강화물을 받을 수 있다면, 9단계에서 어떤 강화물인지 그리고 어디서 그 강화물을 받을 수 있는지에 대하여 논의하여야 한다. 만약 학생이 나중에 특정한 강화물과 교환하기 위하여 토큰 또는 유사한 '화폐'를 받는다면, 교사는 학생과 교환할 시간에 대하여 논의하여야 한다.

[9단계: 실제 상황에서 스스로 연습할 기회 제공하기]

9단계 동안에 자기강화 전략의 교수와 실제는 안내된 연습과 역할극 상황으로부터 자연적인 환경에서 독립적인 실제로 진행된다. 교사는 학생이 무엇을, 언제, 어떻게 해야 하는지 알도록 하기 위하여 연습 회기를 감독한다. 어떤 학생은 자연적인 환경에서 몇 번(예, 한 번에서 세 번)의 독립적인 연습 기회로도 충분하지만, 어떤 학생은 더 많은(예, 네 번 이상) 연습 회기가 필요하다. 이때가 이전 단계에서 더 집중적인 연습을 통해 기대했던 성과를 올리는 때다. 6단계와 7단계에서 잘 숙달한 학생은 9단계에서 독립적인 연습 회기가 더 적게 필요할 것이다. 그러나 9단계에서 연습을 더 해야 한다면, 교사가 이 단계 동안에 학생에게 필요한 만큼 더 연습을 시켜야만 그 학생이 스스로 자기강화를 정확하게 사용할 가능성이 증가할 것이다.

[10단계: 실제 상황에서 학생의 자기강화 성취도 평가하기]

SPIN의 선택 시기에 교사는 현재 학생의 표적행동 수행 수준에 대한 기초선 데이터를 수집하였다. ('자기강화 훈련' 기간이라고 생각되는) 1~9단계 동안에 교사는 계속해서 그러한 데이터를 수집해 왔고, 일반적으로 그러한 데이터는 학생이 훈련을 받을 때에도 표적행동이 향상된다고 말해 주고 있다(예, 동시 일반화). 10단계 동안에 학생은 자연적인 환경에서 자기강화 도구와 절차를 사용하기 시작하고, 교사는 계속해서 데이터를 수집한다. 그래서 교사는 바람직한 행동 변화가 일어났는지 여부에 대하여 기록할 수(SPIN의 네 번째 시기) 있다.

요 약

자기평가와 자기강화는 통합환경에서 학생이 바라던 학업 및 사회적 목표를 성취하도록 격려하는 데 효과적이다. 가장 중요한 것은 자기평가와 자기강화가 학생에게 자기 자신의 학습과 기술 발달을 관리하는 절차를 제공한다는 것이다. 궁극적으로, 이러한 전략은 학생에게 자신의 학습에 대한 주인의식—일반교육에서 중요한 기술—을 가질 수 있는 기회를 제공한다.

chapter 6

통합학급에서의 성공과 일반교육과정에 대한 접근

제1장은 통합교육 실제에 따른 학생주도학습 전략의 혜택에 대한 개관을 제시하였고, 다음 장들은 학생이 이 전략을 사용하도록 장려하기 위하여 교사가 어떻게 가르쳐야 하는지를 설명하는 각각의 학생주도학습 전략에 초점을 맞추고 있다. 그러나 대부분의 경우에 이러한 전략은 학생이 자기주도학습을 할 수 있게 하는 다른 전략과 함께 사용된다. 학생이 이러한 전략을 결합하여 사용하는 것이 결과적으로 1장에서 논의한 것과 같이 학생참여와 자기결정을 도와줄 것이다.

이 장은 구체적으로 자기주도학습의 향상이 가져다줄 잠재적인 혜택, 즉 일반화 및 적극적인 학생참여의 향상에 대하여 논의하였다. 이러한 교수전략을 각각 또는 결합하여 사용하면, 교사는 통합교육의 궁극적인 성과인 통합학급에서의 성공을 강화하고 일반교육과정에로의 접근을 더욱 향상시킬 수 있다. 따라서 이 장은 학생주도학습 전략을 '어떻게' 수행하는지보다 '왜' 수행하여야 하는지에 대하여 요약하였다.

학급에서 성공을 촉진시키기 위한 다양한 적용

더 큰 성공을 위해서는 이 책에서 설명하고 있는 다양한 전략이 패키지로 함께 실행되어야 한다. 첫째, 우리는 이러한 전략들을 하나씩 별개의 장에서 설명하였지만, 이 전략들 간에는 공통된 내용이 매우 많다. 둘째, 학생에게 몇 가지 전략을 함께 사용하게 하는 데는 개념적이고 실제적인 이유가 있다. 예를 들면, 자기점검을 하는 학생에게 자기 자신의 진전을 평가하여 스스로 강화하도록 하는 것이 더 바람직하다. 또한 자기교수를 하는 학생이 자신의 교육목표에 대한 자신의 진전을 스스로 점검하도록 하는 것도 이해할 수 있다.

이것은 사회적 상호작용과 같이 더 복잡한 행동에 특히 좋다. 복잡한 행동은 더 복잡한 중재를 필요로 한다. Hughes와 동료들(2000)은 사회적 상호작용을 가르치는 중재는 다음과 같은 네 가지 교수 요소를 포함하여야만 한다고 제안하였다. ① 학생에게 바라는 행동을 스스로 촉구하도록 가르치는 교수, ② 학생의 사회적 목표를 교수에 포함되도록 보장하는 과정, ③ 학생이 일상생활 속에서 또래와 함께 자신의 기술을 사용하도록 보장하는 과정, 그리고 ④ 다른 사회적 환경에 일반화를 보장하는 과정. 예를 들면, Hughes와 동료들(2000)은 다섯 명의 중증장애학생에게 사회적 상호작용을 가르치기 위하여 다요소(즉, 여러 가지 요소를 포함한) 학생주도학습 패키지를 실시하였다. 다요소 패키지는 다음과 같은 내용을 포함하고 있다.

- 훈련을 시작하기 전에 학생은 토론을 하여 자신이 선호하는 사회적 상호작용 목표를 파악하고, 이 목표를 성취하도록 중재를 개발하였다.
- 일반화를 촉진하기 위하여 교사와 여러 명의 또래교사에게 자기주도 전략(이 경우에, 선행단서 조절)을 가르쳤다.
- 학생에게 그림 의사소통 책(선행단서 조절)을 사용하여 스스로 사회적 상호작용을 촉구하도록 가르쳤다.

교수의 자기결정학습 모델

Wehmeyer, Palmer, Agran, Mithaug과 Martin(2000)은 보다 효과적인 교육 결과를 얻기 위하여 이 책에서 설명한 학생주도학습 전략에 근거한 교수 모델을 제안하였다(더 자세한 분석은 Wehmeyer, 2002 참조). 교수의 자기결정학습 모델(Self-Determined Learning Model of Instruction)은 자기결정의 원리와 학생주도학습을 결합한 교수 모델이다.

모델의 실행은 [그림 6-1] [그림 6-2] [그림 6-3]에 서술한 세 시기의 교수 과정으로 구성되었다. 각각의 교수 시기에 학생이 해결해야 할 문제를 제시한다. 각 시기마다 학생이 배우고, 스스로 수정하며, 자신이 정한 목표를 달성하기 위하여 적용하는 네 개의 학생 질문을 만들고, 각각의 질문에 대답하면서 문제를 푼다. 각각의 질문은 일련의 교사 목표와 관련되어 있다. 각각의 교수 시기는 학생이 자기주도학습(대부분이 자기주도학습 전략)을 할 수 있도록 교사가 사용할 수 있다고 파악된 교육지원 목록을 포함하고 있다.

질문에 순서대로 답하기 위하여 학생은 자신의 요구에 맞는 목표를 설정하고, 목표에 맞게 계획하며, 계획을 달성하도록 활동을 조절하여 자신의 문제를 스스로 해결할 수 있도록 관리하여야만 한다. 그러므로 각각의 교수 시기는 학생 자신이 해결해야 할 문제(나의 목표는 무엇인가? 나의 계획은 무엇인가? 나는 무엇을 배웠나?)를 제시한 후, 각 시기의 질문에 포함되어 있는 일련의 문제를 차례대로 푼다. 네 개의 질문은 시기마다 다르지만, 질문을 해결하는 순서는 동일하다. 즉, 질문에 답하는 학생은 ① 문제, ② 문제에 대한 잠재적인 해결책, ③ 문제를 해결하는 데 방해가 되는 것, ④ 각각의 해결책에 대한 결과를 파악하여야만 한다. 모델은 학생이 자기규제 문제해결 전략을 배우고 다른 학생주도학습 전략을 사용할 수 있게 해 주며, 이것은 학생이 자기 삶의 원인행위자(causal agent)가 될 수 있도록 다른 수준의 기술을 제공한다.

Wehmeyer와 동료들(2000)은 일반학급에서 정신지체, 학습장애 또는 정서 및 행동장애 성인 40명을 가르치고 있는 교사들과 함께 이 모델의 현장 실험을 수행하였다. 학생들은 다루어야 할 총 43개의 목표를 확인하였다(세 명의 학생은 두 개의 목표를 선택하였다). 현장 실험을 한 결과, 모델은 학생들이 교육적으로 가치 있는 목표를 달성하게 하는 데 효과적이었다. 또한 Gilberts, Agran, Hughes와 Wehmeyer(2001)는 일반학급에 있는 중증장애 학생들에게 모델을 사용하도록 가르친 결과, 교실에서 그 학생들의 생존기술(예, 교실에 적절한 학습자료 가져가기, 질문하기)이 향상되었다고 보고하였다.

마지막으로 교육 패키지에 있는 전략 사용의 중요성에 관해서는 학습 유형을 전략에 맞추어야 할 필요가 있다. 즉, 어떤 유형의 학습은 하나 이상의 자기주도학습 전략을 필요로 한다. 예를 들면, 4장에서 논의한 것과 같이 자기점검은 학생에게 이미 습득한 일련의 단계를 스스로 점검하도록 가르치는

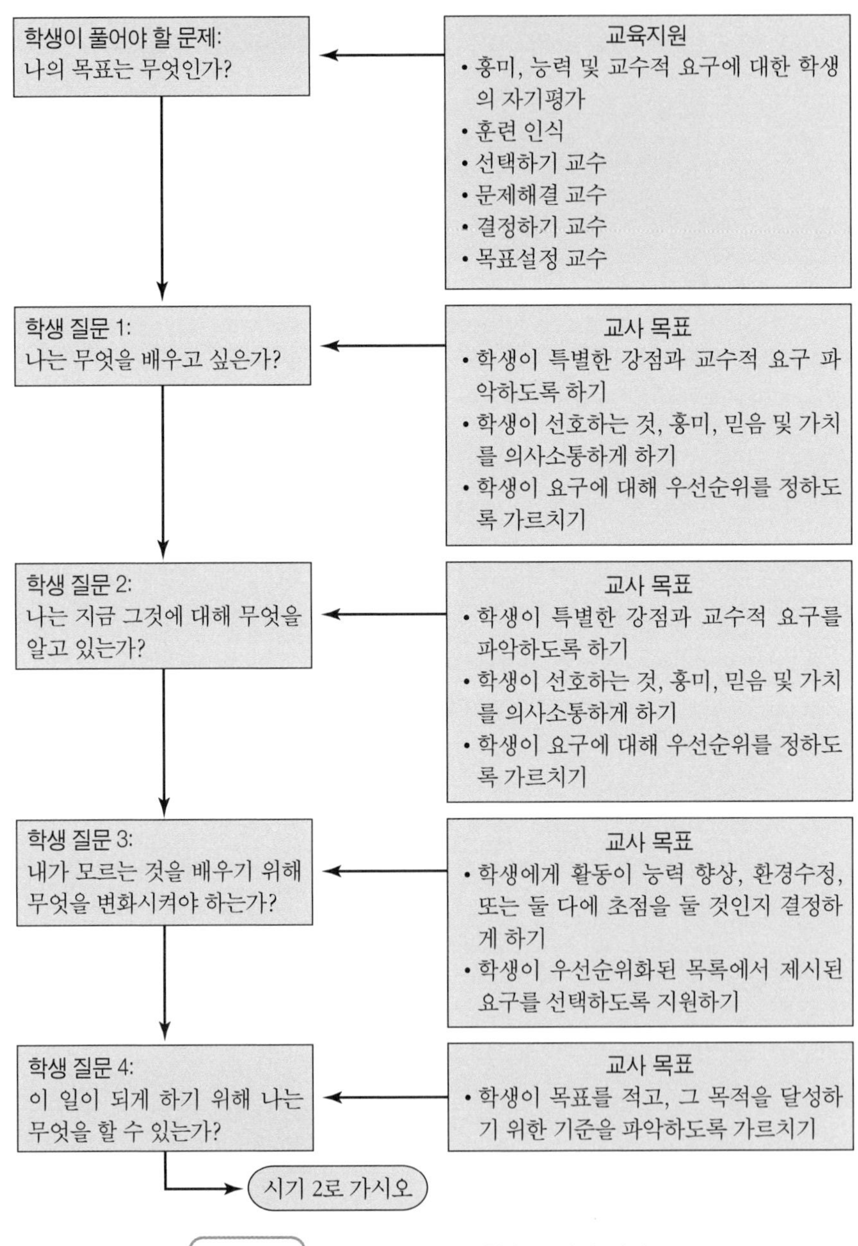

그림 6-1 교수의 자기결정학습 모델의 시기 1

출처: Wehmeyer, M. L., Sands, D. J., Knowlton, H. E., & Kozleski, E. B. (2002). *Teaching students with mental retardation: Providing access to the general curriculum* (p. 246). Baltimore: Paul H. Brookes Publishing Co.: reprinted by permission.

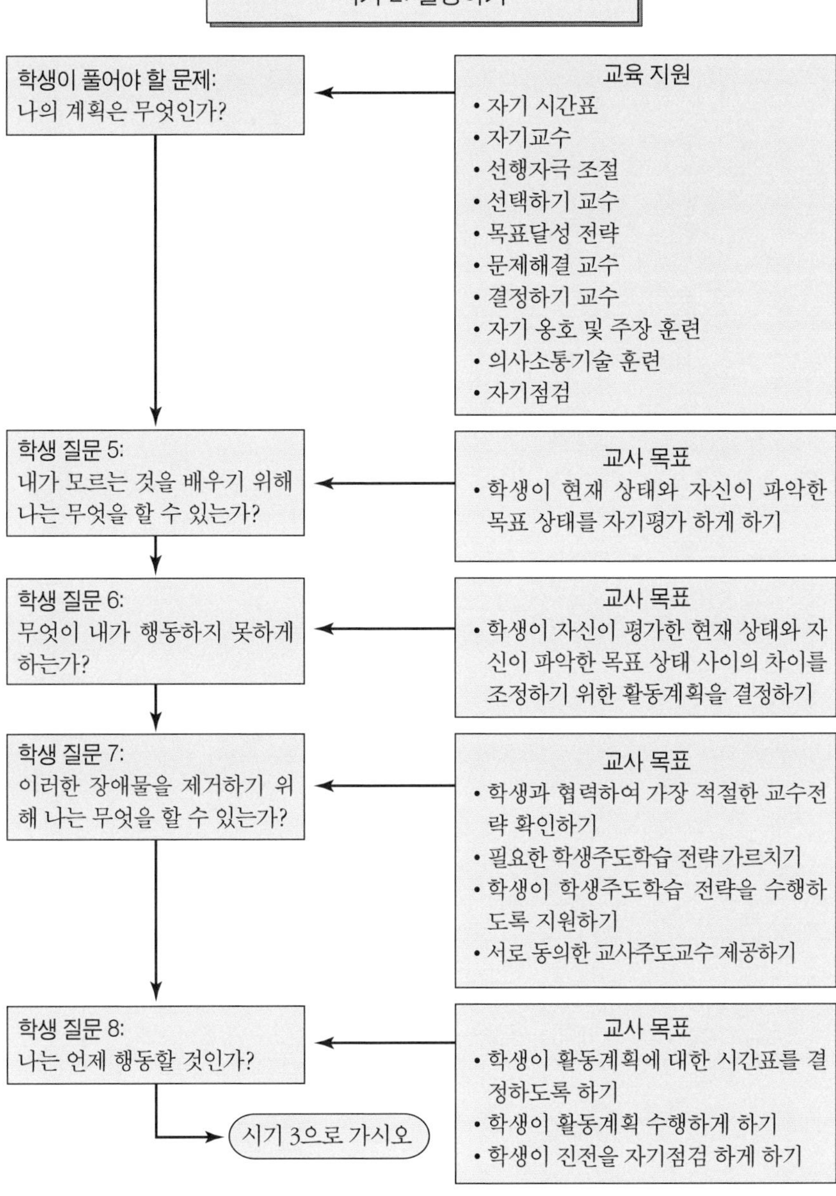

그림 6-2 교수의 자기결정학습 모델의 시기 2

출처: Wehmeyer, M. L., Sands, D. J., Knowlton, H. E., & Kozleski, E. B. (2002). *Teaching students with mental retardation: Providing access to the general curriculum* (p. 247). Baltimore: Paul H. Brookes Publishing Co.: reprinted by permission.

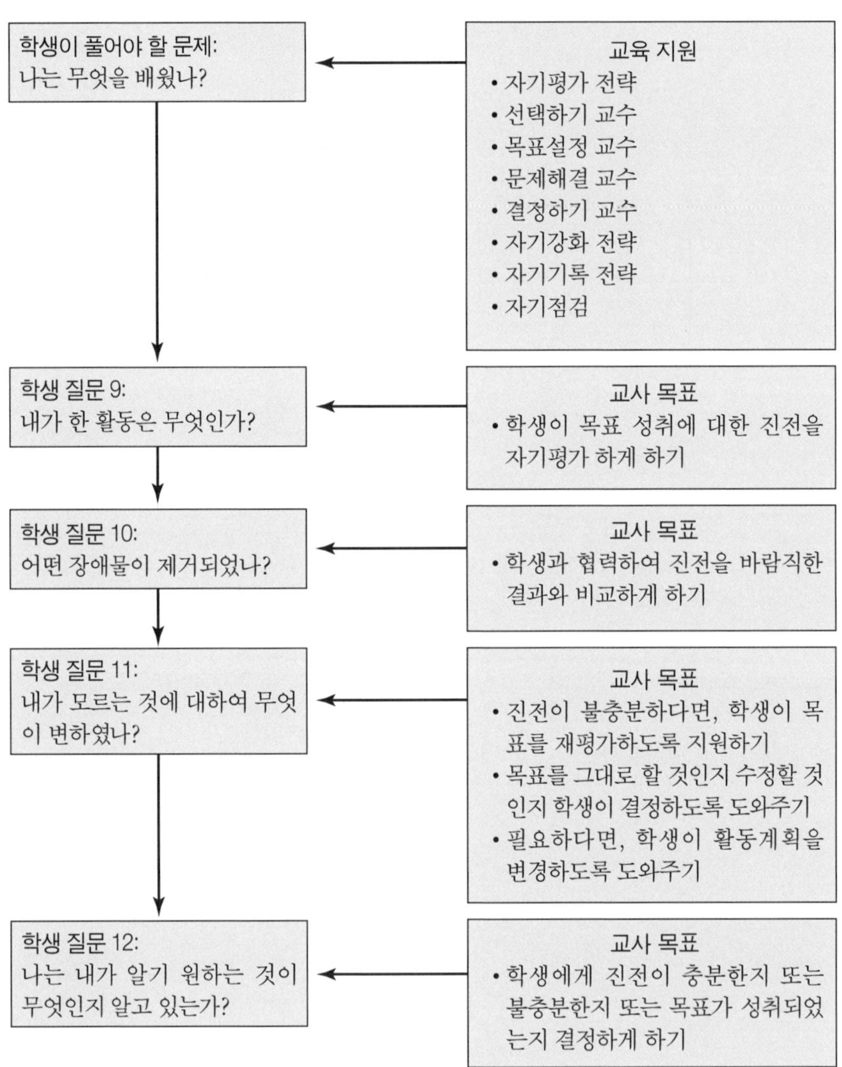

그림 6-3 교수의 자기결정학습 모델의 시기 3

출처: Wehmeyer, M. L., Sands, D. J., Knowlton, H. E., & Kozleski, E. B. (2002). *Teaching students with mental retardation: Providing access to the general curriculum* (p. 248). Baltimore: Paul H. Brookes Publishing Co.: reprinted by permission.

데 가장 적절한 전략이다. 학생이 과제의 단계를 스스로 수행할 수 없는 경우에 자기점검은 독립적인 중재로 적절하지 않다.

자기주도학습 전략과 통합교육 실제

통합학급에서 성공적이고 효과적인 교수는 개별 학생과 집단의 요구를 만족시킬 수 있도록 쉽게 수정될 수 있어야 하고, 모든 학생이 성공할 수 있도록 다양한 전략, 방법 및 자료를 사용한다. 이러한 전략과 방법은 다양한 교수 계획(팀 티칭 또는 협력적인 팀 구성), 교수 집단(보편적으로 설계된 방법, 자료, 차별화 교수 기법을 사용한 전체 학급 교수, 협동학습을 포함한 소집단 교수, 그리고 일대일 교수), (다음 영역에서 논의된) 교육과정 설계 및 수정, 교실 설계(접근성 및 학습 사회를 만드는 데 초점) 등을 포함한다. 말할 필요도 없이, 학생은 통합학급을 구성하는 부분이다. 학생은 의도적인 그리고 예상하지 못한 방법을 통해 서로 배운다. 그러므로 통합학급에서 교수는 학생중심 관점에서 만들어지고, 긍정적인 또래관계를 만들고 지원할 필요가 있다. 이런 의미에서 학생주도학습 전략은 통합교육 실제를 향상시키는 데 사용되어야만 하는 전략이다.

학생주도학습과 일반교육과정에 대한 접근

1997년 개정 미국 장애인교육법(Individuals with Disabilities Education Act[IDEA]: PL 105-17)에 따르면, 모든 장애학생에게 일반교육과정에 참여할 기회가 제공되어야 하고, 그 교육을 받고 향상되었다는 증거를 제시하여야 한다. 이러한 법령은 장애학생을 포함한 모든 학생이 도전적인 교육과정을 이용할 수 있는 기회를 제공받고, 높은 기대를 받으며, 주의 책무성 체계에 포함되도록 보장하기 위하여 실시되었다(Wehmeyer, Lattin, & Agran, 2001). 이러한 연방 법령에도 불구하고, 많은 장애학생에게 풍부한 교육 경험을 보중하려는 도전은 여전히 힘들다. 그러나 학생주도학습 전략의 실행은 그러한 노력에 긍정적으로 기여할 수 있다.

접근하기

Wehmeyer(2002)는 장애학생이 일반교육과정에 참여할 수 있도록 다수준 모델을 제안하였다. 이 모델은 교육과정을 결정할 때 고려해야 할 세 수준의 지원 강도(간헐적, 제한적, 확장적/전반적), 세 수준의 교수 범위(학교 차원, 학교 일부분, 개별화), 세 수준의 교육과정 수정(수정, 보충, 대체)에 의해 영향을 받는 세 수준의 활동(계획, 교육과정, 교수)을 포함하고 있다. [그림 6-4]는 이 모델을 설명하고 있다. Wehmeyer, Lance와 Bashinski(2002)는 〈표 6-1〉과 같이 결과를 성취하는 데 필수적인 다섯 가지 활동 단계를 제안하였다. 학생주도학습 전략은 두 개의 수준에서 이 모델의 수행에 기여하고, 그 자체로서 장애학생이 일반교육과정에 참여하도록 하는 데 기여할 수 있다.

[그림 6-4]에 설명한 것과 같이, 단계 중 하나는 장애학생을 포함하여 모든 학생이 일반교육과정을 배우고 숙달할 수 있는 양질의 중재를 학교 전체에서 실행하도록 하고 있다. 장애학생만 자기주도학습을 촉진하는 교수로부터 혜택을 받는 것이 아니다. 자기주도학습 전략 교수는 모든 학생에게 혜택을 줄 수 있고, 장애학생이 일반교육과정을 성취할 수 있게 하는 전체 학교 교수 유형의 한 가지 예다.

두 번째 수준의 영향으로, 학생주도학습 전략은 학생의 진전을 촉진하기 위하여 일반교육과정을 보완하는 데 사용될 수 있다. [그림 6-4]에 제시된 모델은 장애학생이 일반교육과정에 접근을 촉진하기 위하여 고려하여야만 하는 교육과정 수정, 보충 그리고 대체 세 가지 수준의 교육과정 수정을 포함하고 있다. 첫 번째 두 수준(교육과정 수정과 보충)의 목적은 일반교육과정을 바꾸려고 하는 것이 아니라, 교과내용을 학습하는 데 있어 학생의 참여를 극대화하는 방법을 개발하는 데 있다. 학생주도학습 전략은 교육과정 수정의 첫 번째 두 수준에서 중요하다.

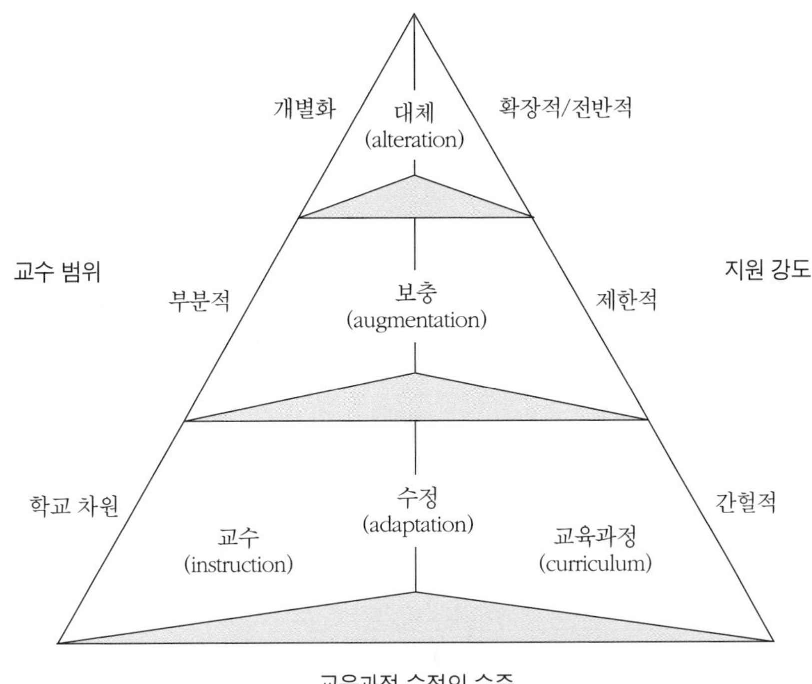

그림 6-4 일반교육과정에 대한 접근을 촉진하는 다수준 모델

출처: Wehmeyer, M. L., Sands, D.J., Knowlton, H. E., & Kozleski, E. B. (2002). *Teaching students with mental retardation: Providing access to the general curriculum* (p. 269). Baltimore: Paul H. Brookes Publishing Co.; reprinted by permission.

교육과정 수정은 교과내용에 학생의 참여를 높이기 위하여 교수내용 또는 정보를 제시하거나 설명하는 방법, 또는 학생이 교육과정과 상호작용하는 방법에 있어서의 수정을 말한다. 예를 들면, 인쇄물의 글자를 크게 하거나, 폰트를 변경하거나, 학생에게 교수자료를 인쇄해서 주기보다 컴퓨터 공학을 사용하도록 하는 것이 교육과정 수정의 예다. 또한 학생이 주어진 과제를 더 잘 이해할 수 있도록 교육과정의 특별한 주제 또는 특징을 눈에 띄게 하거나, 강조하거나, 다르게 구성하는 것이다.

학생주도학습 전략의 적용은 학생이 어떻게 교육과정 내용을 수정하는지

〈표 6-1〉 모든 학생이 기준을 성취하고 일반교육과정에 접근하도록 도와주는 활동 단계

활동 단계	설 명
기준 설정과 교육과정 설계	기준은 개방형으로 작성하며, 교육과정은 모든 학생이 향상될 수 있도록 보편적 설계의 원리를 사용하여 계획하고 설계한다.
개별화교육프로그램(IEP) 계획	개별화교육프로그램(IEP) 계획 과정은 학생의 교육프로그램이 일반교육과정에 근거하지만 그 학생의 독특한 학습요구를 고려하여 설계하도록 보장한다.
학교 전체 자료와 교수	학교 전체를 위한 보편적으로 설계된 교육과정 자료, 그리고 모든 학생에게 도전적인 양질의 교수방법과 전략이 있다.
학교 일부 및 그룹 교수	학생이 교육과정을 따라 진전하도록 보장하기 위해 더 집중적인 교수가 필요한 학생 집단을 표적하고, 일부 학년과 학급 교육활동에 대한 의사결정은 수업, 단원 및 교실 수준에 초점을 맞춘다.
개별화 중재	학교 전체 및 부분적인 학교의 노력에도 진전을 보이지 않는 학습 요구를 가진 학생이 진전을 하도록 보장하기 위해 보충적인 교육과정 내용과 교수전략을 설계하여 수행한다.

출처: Wehmeyer, Sands, Knowlton, & Kozleski (2002). *Teaching students with mental retardation: Providing access to the general curriculum*. Baltimore: Paul H. Brookes Publishing Co.

결정하는 데 참여하게 하고, 그렇게 함으로써 성공적인 학습 결과를 최대화한다. 예를 들면, 자료를 온라인에 탑재하면, 학생이 선호하는 다양한 방법으로 정보를 찾을 수 있다. 또한 목표설정 및 자기교수 전략의 사용은 학생에게 자기 자신의 교육과정 수정을 스스로 관리할 수 있도록 한다. 예를 들면, 학생은 일정한 시간에 얼마나 많은 내용을 배울 것인지, 어떤 순서로 정보를 제시할 것인지, 학생이 잘 이해하도록 내용을 어떻게 구성할 것인지, 학생이 지정된 주제에 얼마나 많은 시간을 사용할 것인지, 그리고 어떤 점검 절차를 사용하여 자신의 수행을 평가할 것인지를 결정할 것이다. 일반교육과정 주도에 접근하는 목적이 능동적인 학습을 촉진하고 학생의 능력에 대한 기대를 높이는 것이라면, 학생이 이 정도 수준으로 참여하면 학생의 집중력이 향상될 것이다.

교육과정 보충은 학생이 더 효과적으로 학습할 수 있는 기술을 배우도록 일반교육과정에 내용을 추가하는 것이다. 그러한 '학습하는 법 학습하기(learning-to-learn)' 전략은 학생이 자기 자신의 학습을 관리 · 지도 · 조정하게 한다. 간단히 말하면, 학생은 자발적인 결정과 문제해결에 근거하여 활동을 제작 · 계획 · 실행한다. 자기교수, 선행단서 조절, 자기점검, 자기평가 그리고 자기강화와 같은 전략은 학생이 일반교육과정에 접근하도록 촉진하는 부가적인 전략이다. 자기교수는 과제 순서에 있는 단계를 생각나게 하거나, 학업과제의 요구 또는 또래와의 상호작용을 포함하는 사회적 요구에 의해 발생하는 문제를 해결하는 데 도움이 될 것이다. 그림촉구는 학생에게 과제를 마치는 데 필요한 추가 정보를 제공한다. 자기점검은 학생이 주어진 시간 내에 수학문제를 마치도록 한다. 자기강화는 학생에게 바쁜 교육환경에서 하기 힘든 즉각적인 강화를 제공한다.

마지막으로, 독립적인 프로그램으로 사용되는지 또는 교수 패키지로 결합되어 사용되는지와 관계없이, 이 책에 설명된 전략은 일반교육에 참여하고 있는 학생에게 잠재적으로 강력한 교수 지원을 제공한다. 이전에 서술한 바와 같이, 1997년 개정 IDEA의 바람직한 결과 중 하나는 장애학생의 능력에 대한 기대를 높이는 것이다. 학생에게 자기 자신의 학습을 관리하도록 가르치면, 이 목표는 대부분 달성될 것이다.

요 약

학생에게 학습을 자기 자신이 주도하도록 가르치는 것은 일반화, 학생참여, 자기결정력을 증진시키는 것부터 통합학급과 일반교육과정에서의 더 큰 성공을 촉진하는 것까지 다양한 혜택이 있다. 그러나 일반적으로 학생주도학습 전략은 특히 장애학생에게는 충분히 이용되지 않았다. 이 책은 다섯 가지 주요한 학생주도학습 전략을 소개하고, 그 전략의 장점에 대한 개관을 제공하였으며, 전략의 습득을 촉진하는 교수 단계를 설명하였다. 이 전략은 학생이 학교뿐만 아니라 학교 밖에서도 성공하도록 하기 위하여 교사가 매일 사용할 수 있는 효과적인 도구다.

부 록

I. 서 식

II. 학생주도학습에 관한 참고자료

부록 I: 서식

사물단서 전략	
학생:	교실 또는 환경:
일상적인 과제 또는 표적 활동:	

소단계/일과에 포함된 활동	가능한 사진 또는 사물단서

학생이 이해하는 단서 형태(사진, 선화, 사물, 작은 사물):

스크립트 개요	
학생:	교실 또는 환경:
과제:	

과제 단계/언어촉구	녹음된 촉구 간 시간 간격

자기교수 단계와 행동 안내를 위한 자기진술	
자기교수 단계	자기진술문
1. **문제 파악:** 무엇이 문제인가?	
2. **해결책 진술:** 나는 무엇을 하여야만 하는가?	
3. **활동 평가:** 나는 어떻게 하였나?	
4. **자기강화:** 나는 그것을 바르게 하였나?	

문제해결 전략			
학생:		환경:	
교수목표:		과제:	
표적행동	자기교수	강화제	교정 절차
	문제: 해결책: 평가: 강화:		
	문제: 해결책: 평가: 강화:		
	문제: 해결책: 평가: 강화:		
	문제: 해결책: 평가: 강화:		

Did-Next-Now 전략

학생: 환경:
교수목표: 과제:

자기교수	표적반응	강화제	교정 절차
Did: Next: Now:			
Did: Next: Now:			
Did: Next: Now:			

무엇-어디 전략

학생: 환경:

교수목표: 과제:

자기교수	표적반응	강화제	교정 절차
무엇: 어디:			
무엇: 어디:			
무엇: 어디:			

Did-Next-Ask 전략

학생: 환경:

교수목표: 과제:

자기교수	표적반응	강화제	교정 절차
Did: Next: Ask:			
Did: Next: Ask:			
Did: Next: Ask:			

열심히 공부하기 위한 자기점검 도구

학생 성명: ____________ 날짜: ____________

일일 목표: "나는 이번 회기에 ____칸 동안 열심히 공부할 계획이다."

"나는 열심히 공부하고 있는가?"

1	2	3	4	5	6	7	8	9	10
11	12	13	14	15	16	17	18	19	20

소리를 들었을 때 공부를 열심히 하고 있으면, 그 칸에 + 표시를 하시오.
소리를 들었을 때 공부를 열심히 하고 있지 않으면, 그 칸에 – 표시를 하시오.

내가 이번 회기에 열심히 공부한 칸은 몇 개인가? _______칸

나는 오늘 나의 목표에 도달하였나?
________예 ________아니요

과제수행 행동에 대한 자기점검 도구

공부하는 목표를 설정한 자기점검 도구를 완성하시오.

예: 공부하고 있으면, 나는 그 칸에 'Y' 표시를 한다.

아니요: 공부하고 있지 않으면, 나는 그 칸에 'N' 표시를 한다.

1	2	3	4	5	6	7	8	9	10

과제를 수행한 칸의 수 ________

나의 목표는 ________

목표를 달성하였나? ________

내일 나의 목표는 ________

활동 완성 평가에 대한 검목표

학생 성명: ____________ 날짜: ____________

지시 사항: 각 활동을 마친 후에 체크 표시(✓)를 하시오. 당신은 "나는 이 활동을 다 하였습니까?" 질문에 답하시오.

활동 # 1:

활동 # 2:

활동 # 3:

활동 # 4:

안내된 연습 및 독립 연습 동안 성취 지표		
오른쪽에 있는 '예' 또는 '아니요' 에 체크 표시를 하시오	예	아니요
1. 학생이 표적행동의 예를 확인하였습니까?		
2. 학생이 표적행동의 예가 아닌 것을 설명하였습니까?		
3. 학생이 연습하는 동안에 표적행동을 하면서 자기점검 도구를 어떻게 사용하는지 설명하였습니까?		
4. 학생이 자기점검 도구를 정확하게 사용하였습니까? (교사와 학생이 함께 자기점검 도구를 채워서 학생의 정확도를 점검한다.)		
5. 학생이 표적행동의 중요성을 확인하였습니까?*		
6. 학생이 자기점검체계의 혜택을 설명하였습니까?*		

* 대답할 수 있는 학생의 언어능력에 의해 결정되는 선택적인 평가 기준

출처: King-Sears, M. E., & Carpenter, S. L. (1997). *Teaching self-management to elementary students with developmental disabilities* (p. 27). Washington, DC: American Association on Mental Retardation; adapted by permission.

목표설정에 대한 자기강화 도구

학생 성명: ____________ 날짜: ____________

나의 목표는 _______일 동안 행동을 잘하는 것이다.

목표를 달성하면, 나는 나 자신에게 _______으로 보상한다.

1	2	3	4	5
매우 부족	부족	보통	양호	매우 양호

사용 방법: 아래 칸에 각각의 날짜를 적으시오. 매 수학 시간이 끝나면, 자신의 행동을 가장 잘 설명하는 점수에 동그라미를 치시오. 목표를 달성하면, 이 용지를 교사에게 제출하고 보상을 받으시오.

날짜: 1 2 3 4 5
날짜: 1 2 3 4 5
날짜: 1 2 3 4 5
날짜: 1 2 3 4 5
날짜: 1 2 3 4 5
날짜: 1 2 3 4 5
날짜: 1 2 3 4 5
날짜: 1 2 3 4 5
날짜: 1 2 3 4 5
날짜: 1 2 3 4 5

명심하시오! 이 용지를 사용하여 보상을 받았다면, 다음에는 새로운 용지를 받아 시작하여야 한다는 사실을 잊지 마시오. 자신을 위한 새로운 목표를 정하고 그다음에 받을 보상을 확인하시오.

학생들의 자기평가/강화 습득을 위한 평가 검목표		
안내 및 독립 연습 동안 습득 지표	예	아니요
1. 학생이 바람직한 행동의 예와 예가 아닌 것을 확인하였습니까?		
2. 학생이 바람직한 행동의 예와 예가 아닌 것을 보여 주었습니까?		
3. 학생이 연습 또는 강화 회기 동안에 적절한 절차에 따라 자기평가 또는 강화 전략 그리고 자료를 사용하였습니까?		
4. 학생이 자기평가전략 자료를 정확하게 사용하였습니까? (교사와 학생이 함께 기록 도구를 채워서 학생의 정확도를 점검한다.)		
5. 학생이 바람직한 행동의 혜택을 설명할 수 있습니까?*		
6. 학생이 자기평가 전략 또는 강화의 혜택을 설명할 수 있습니까?*		

* 대답할 수 있는 학생의 언어능력에 의해 결정되는 선택적인 평가 기준

출처: King-Sears, M. E., & Carpenter, S. L. (1997). *Teaching self-management to elementary students with developmental disabilities* (p. 27). Washington, DC: American Association on Mental Retardation; adapted by permission.

부록 II: 학생주도학습에 관한 참고자료

Chapter 1 학생주도학습 전략과 통합교육의 실제

Agran, M. (Ed.). (1997). *Student-direted leaning: Teaching self-determination skills*. Pacific Grove, CA: Brooks/Cole.

Agran, M., Blanchard, C., & Wehmeyer, M. L. (2000). Promoting transition goals and self-determination through student-directed learning: The Self-Determined Learning Model of Instruction. *Education and Training in Mental Retardation and Developmental Disabilities*, *35*, 351-364.

Agran, M., Fodor-Davis, J., & Moore, S. (1986). The effects of self-instructional training on job-task sequencing: Suggesting a problem-solving strategy. *Education and Training in Mental Retardation*, *21*, 273-281.

Agran, M., & Moore, S. C. (1994). *How to teach self-instruction of job skills*. Washington, DC: American Association on Mental Retardation.

Agran, M., Salzberg, C. L., & Stowitschek, J. J. (1987). An analysis of the effects of a social skills training program using self-instructions on the acquisition and generalization of two social behavior in a work setting. *Journal of The Association for Persons with Severe Handicaps*, 12, 131-139.

Bambara, L., & Cole, C. (1997). Permanent antecedent prompts. In M. Agran (E.d.), *Student directed learning: Teaching self-determination skills*. Pacific Grove, CA: Brookes/Cole.

Bradley, D. F., King-Sears, M. E., & Switlick, D. M. (1997). *Teaching students in inclusive setting: From theory to practice*. Needham Heights, MA: Allyn & Bacon.

Brownell, K. D., Colletti, G., Ersner-Hershfield, R., Hershfield, S. M., & Wilson, G. T.

(1977). Self-control in school children: Stringency and leniency in self-determined and externally imposed performance standards. *Behavior Therapy, 8*, 442-455.

Frith, G. H., & Armstrong, S. W. (1986). Self-monitoring for behavior disordered students. *Teaching Exceptional Children, 18*(2), 144-148.

Chiron, R., & Gerken, K. (1983). The effects of a self-monitoring technique on the locus of control orientation of educable mentally retarded children. *School Psychology Review, 3*, 87-92.

Graham, S., & Harris, K. R. (1989). Improving learning disabled students' skills at composing essays: Self-instructional strategy training. *Exceptional Children, 56*, 213-214.

Harchik, A. E., Sherman, J. A., & Sheldon, J. B. (1992). The use of self-management procedures by people with developmental disabilities: A brief overview. *Research in Developmental Disabilities, 13*, 211-227.

Hughes, C., & Rusch, F. R. (1989). Teaching supported employees with mental retardation to solve problems. *Journal of Applied Behavior Analysis, 22*, 365-372.

Hughes, C. A., Korinek, L., & Gorman, J. (1991). Self-management for students with mental retardation in public school settings: A research review. *Education and Training in Mental Retardation, 26*, 271-291.

Kapadia, S., & Fantuzzo, J. W. (1988). Training children with developmental disabilities and severe behavior problems to use self-management procedures to sustain attention to preacademic/academic tasks. *Education and Training in Mental Retardation, 23*, 59-69.

King-Sears, M. E., & Carpenter, S. L. (1997). *Teaching self-management to elementary students with developmental disabilities*. Washington, DC.: American Association on Mental Retardation.

Koegel, L. K., Koegel, R. L,. Hurley, C., & Frea, W. E. (1992). Improving social skills and disruptive behavior in children with autism through self-management. *Journal of Applied Behavior Analysis, 25*, 341-353.

Kohn, A. (1993). Choices for children: Why and how to let students decide. *Phi Delta Kappan, 75*(1), 8-20.

Lagomarcino, T. R., & Rusch, F. R. (1989). Utilizing self-management procedures to teach independent performance. *Education and Training in Mental Retardation, 24*, 297-305.

Lovett, D. L., & Haring, K. A. (1989). The effects of self-management training on the daily living of adults with mental retardation. *Education and Training in Mental Retardation, 24*, 306-306.

MacDuff, G. S., Krantz, P., & McClannahan, L. E. (1993). Teaching children with autism to use photographic activity schedules: Maintenance and generalization of complex response chains. *Journal of Applied Behavior Analysis, 26*, 89-97.

Mace, F. C., Shapiro, E. S., West, B. J., Campbell, C., & Altman, J. (1986). The role of reinforcement in reactive self-monitoring. *Applied Research in Mental Retardation, 7*, 315-327.

McCarl, J. J., Svobodny, L., & Beare, P. L. (1991). Self-recording in a classroom for students with mild to moderate mental handicaps: Effects on productivity and on-task behavior. *Education and Training in mental retardation, 26*, 79-88.

Mithaug, D. E., Martin, J. E., Agran, M., & Rusch, F. R. (1988). *Why special education graduates fail.* Colorado Springs, CO: Ascent Publications.

Mithaug, D. E., Mithang, D. K., Agean, M., Martin, J. E., & Wehmeyer, M. L. (2003). *Self-determined learning theory: Predictions, prescriptions, and practice.* Mahwah, NJ: Lawrence Erlbaum Associates.

Moore, S. C., Agran, M., & Fodor-davis, J. (1989). Using self-management strategies to increase the production rates of workers with severe handicaps. *Education and Training in Mental Retardation, 24*, 324-332.

Schunk, D. H. (1981). Modeling and attributional effects on children' s achievement: A self-efficacy analysis. *Journal of Educational Psychology, 73*, 93-105.

Sowers, J., Verdi, M., Bourbeau, P., & Sheehan, M. (1985). Teaching job independence and flexibility to mentally retarded students through the use of a self-control package. *Journal of Applied Behavior Analysis, 18*, 81-85.

Wacker, D. P., & Berg, W. K. (1993). Effects of picture prompts on the acquisition of complex vocational tasks by mentally retarded adolescents. *Journal of Applied Behavior Analysis, 16*, 417-443.

Wehmeyer, M. L., Agran, M., & Hughes, C. (1998). *Teaching self-determination to students with disabilities: Basic skills for successful transition.* Baltimore: Paul H. Brookes Publishing Co.

Wehmeyer, M. L., & Palmer, S. B. (2002). *Adult outcomes for students with cognitive disabilities three years after high school: The impact of self-determination.* Manuscript submitted for publication.

Wehmeyer, M. L., Palmer, S. B., Agran, M., Mithaug, D. E., & Martin, J. E. (2000). Promoting causal agency: The self-determined learning model of instruction. *Exceptional Children, 66,* 430-453.

Wehmeyer, M. L., & Sands, D. J. (1998). *Making it happen: Student involvement in education planning, decision making, and instruction.* Baltimore: Paul H. Brookes Publishing Co.

Wehmeyer, M. L., & Schwartz, M. (1997). Self-determination and positive adult outcomes: A follow-up study of youth with mental retardation or learning disabilities. *Exceptional Children, 63,* 245-255.

Chapter 2 선행단서 조절과 그림단서

Hughes, C., Rung, L., Wehmeyer, M. L., Agran, M., Copeland, S. R., & Hwang, B. (2000). Self-prompted communication book use to increase social interaction among high school students. *Education and Training in Mental Retardation and Developmental Disabilities, 25,* 153-166.

Irvine, A. B., Erickson, A. M., Singer, G. H. S., & Stahlberg, D. (1992). A coordinated program to transfer self-management skills from school to home. *Education and Training in Mental Retardation, 27,* 241-254.

Post, M., & Storey, K. (2002). A review of using auditory prompting systems with persons who have moderate to severe disabilities. *Education and Training in Mental Retardation and Developmental Disabilities.*

Trask-Tyler, S. A., Grossi, T. A., & Heward, W. L. (1994). Teaching young adults with developmental disabilities and visual impairments to use tape-recorded recipes: Acquisition, generalization, and maintenance of cooking skills. *Journal of Behavioral Education, 4,* 283-311.

Chapter 3 자기교수

Agran, M., Fodor-Davis, J., Moore, S., & Martella, R. (1992). The effects of peer-delivered self-instructional training on lunch-making work task for students with severe disabilities. *Education and Training in Mental Retardation, 27,* 230-240.

Agran, M., & Hughes, C. (1997). Problem solving. In M. Agran (ED.), *Student-directed learning: Teaching self-determination skills.* Pacific Grove, CA: Brookes-Cole.

Agran M., & Moore, S. C. (1994). *How to teach self-instruction of job skills.* Washington DC: American Association on Mental Retardation.

Agran, M., Snow, K., & Swaner, J. (1999). Teacher perceptions of self-determination: Benefits, characteristics, strategies. *Education and Training in Mental Retardation and Developmental Disabilities, 34,* 293-301.

Agran, M., & Wehmeyer, M. (1999). *Teaching problem solving to students with mental retardation.* Washington, DC: American Association on Mental Retardation.

Hughes, C. (1991). Independent performance among individuals with mental retardation: Promoting generalization through self-instruction. In M. Hersen, R. M. Eisler, & P. M. Miller (Eds.), *Progress in behavior modification* (Vol. 27, PP. 7-35). Beverly Hills: Sage Publications.

Hughes, C. (1992). Teaching self-instruction utilizing multiple exemplars to produce generalized problem-solving by individuals with severe mental retardation. *American Journal on Mental Retardation, 97,* 302-314.

Hughes, C. (1997). Self-instruction. In M. Agran (Ed.), *Student-directed learning: Teaching self-determination skills* (pp. 144-170). Pacific Grove, CA: Brooks/Cole.

Hughes, C. (1998). Self-management and self-instruction: The benefits of student involvement in individualized education program implementation. In M. L. Wehmeyer & D. J. Sands (Eds.), *Making It happen: Student involvement in education planning, decision making, and instruction* (pp. 329-354). Baltimore: Paul H. Brookes Publishing Co.

Hughes, C., & Agran, M. (1993). Teaching persons with severe disabilities to use self-instruction in community settings: An analysis of applications. *Journal of the Association for Persons with Severe Handicaps, 18*, 261-274.

Hughes, C., & Carter, E. (2000). *The transition handbook*. Baltimore: Paul H. Brookes Publishing Co.

Hughes, C., Harmer, M. L., Killian, D. J., & Niarhos, F. (1995). The effects of multiple-exemplar self-instructional training on high school students' generalized conversational interactions. *Journal of Applied Behavior Analysis, 28*, 201-218.

Meichenbaum, D., & Goodman, J. (1971). Training impulsive children to talk to themselves: A means of developing self-control. *Journal of Abnomal Psychology, 77*, 115-126.

Vygotsky, L. S. (1978). *Mind in society: The development of higher psychological processes* (M. Cole, V. John Steiner, S. Scribner, & Souberman, Eds. and Trans.). Cambridge, MA: Harvard University Press.

Wehmeyer, M. L., Agran, M., & Hughes, C. A. (2000). A national survey of teachers' promotion of self-determination and student-directed learning. *The Journal of Special Education, 34*, 58-68.

Chapter 4 자기점검

Agran, M., & Alper, S. (2000). Curriculum and instruction in general education: Implications for service delivery and teacher preparation. *Journal of The Association for Persons with Severe Handicaps, 25*, 167-174.

Agran, M., Blanchard, C., Wehmeyer, M. L., & Hughes, C. (2001). Teaching students to self-regulate their behavior: The differential effects of student-versus teacher-delivered reinforcement. *Research in Developmental Disabilities, 22*, 319-332.

Alberto, P. A., & Troutman, A. C. (1999). *Applied behavior analysis for teachers* (5th ed.). Upper Saddle River, NJ: Prentice Hall.

Copeland, S. R., & Hughes, C. (2000). Acquisition of a picture prompt strategy to increase independent performance. *Education and Training in Mental*

Retardation and Developmental Disabilities, 35, 294-305.

Evans, J. G. (1999). Motivating reluctant learners. *Kappa Delta Pi Record, 35*(2), 55-56.

Ferretti, R. P., Cavalier, A. R., Murphy, M. J., & Murphy, R. (1993). The self-management of skills by persons with mental retardation. *Research in Developmental Disabilities, 14*, 184-205.

Gilberts, G. H., Agran, M., Hughes, C., & Wehmeyer, M. (2001). The effects of peer delivered self-monitoring strategies on the participation of students with severe disabilities in general education classrooms. *Journal of the Association for Persons with severe Handicaps, 26*, 25-36.

Hughes, C. A., & Boyle, J. R. (1991). Effects of self-monitoring for on-task behavior and task productivity on elementary students with moderate mental retardation. *Education and Treatment of Children, 14*, 96-111.

Kern, L., Dunlap, G., Childs, K. E., & Clarke, S. (1994). Use of a classwide self-management program to improve the behavior of students with emotional and behavior disorders. *Education and Treatment of Children, 17*, 445-458.

King-Sears, M. E. (1994). *Curriculum-based assessment in special education*. San Diego: Singular Publishing Group.

King-Sears, M. E. (1999). Teacher and researcher co-design self-management content for an inclusive setting: Research training, intervention, and generalization effects on student performance. *Education and Training in Mental Retardation and Developmental Disabilities, 34*, 134-156.

King-Sears, M. E., & Bonfils, K. (1999). Self-management instruction for middle school students with LD and ED. *Intervention in School and Clinic, 35*, 96-107.

King-Sears, M. E., & Carpenter, S. L. (1997). *Teaching self-management to elementary students with developmental disabilities*. Washington DC: American Association on Mental Retardation.

Lalli, E. P., & Shapiro, E. S. (1990). The effects of self-monitoring and content reward on sight word acquisition. *Education and Treatment of Children, 13*, 129-141.

Korgel, L. K., Koegel, R. L., Harrower, J. K., & Carter, C. M. (1999). Pivotal response intervention I: Overview of approach. *The Journal of the Association for Persons with Severe Handicaps, 24*, 174-185.

Koegel, R. L., & Korgel, L. K. (1990). Extended reductions in stereotypic behavior of students with autism through a self-management treatment package. *Journal of Applied Behavior Analysis, 23*, 119-127.

McDougall, D., & Brady, M. P. (2001). Using audio-cued self-monitoring for students with severe behavior disorders. *The Journal of Educational Research, 88*, 309-317.

Mechling, L. C., & Gast, D. L. (1997). Combination audio/visual self-prompting system for teaching chained tasks to students with intellectual disabilities. *Education and Training in Mental Retardation and Developmental Disabilities, 32*, 138-153.

Reinecke, D. R., Newman, B., & Meinberg, D. L. (1999). Self-management of sharing in three pre-schoolers with autism. *Education and Training in Mental Retardation and Developmental Disabilities, 34*, 312-317.

Stahmer, A. C., & Schreibman, L. (1992). Teaching children with autism appropriate play in unsupervised environments using a self-management treatment package. *Journal of Applied Behavior Analysis, 25*, 447-459.

Sugai, G., & Rowe, P. (1984). The effect of self-recording on out-of-seat behavior of an EMR student. *Education and Training of the Mentally Retarded, 19*, 23-28.

Chapter 5 자기평가와 자기강화

Copeland, S. R., & Hughes, C. (2002). Effects of goal setting on task performance of persons with mental retardation. *Education and Training in Mental Retardation and Developmental Disabilities, 37*, 40-54.

Dalton, T., Martella, R. C., & Marchand-Martella, N. E. (1999). The effects of a self-management program in reducing off-task behavior. *Journal of Behavioral Education, 9*, 157-176.

Hoff, K. E., & DuPaul, G. J. (1998). Reducing disruptive behavior in general education classroom: The use of self-management strategies. *School Psychology Review, 27*, 290-303.

King-Sears, M. E. (1999). Teacher and researcher co-design self-management content for an inclusive setting: Research training, intervention, and generalization effects on student performance. *Education and Training in Mental Retardation and Developmental Disabilities, 34*, 134-156.

King-Sears, M. E., & Carpenter, S. L. (1997). *Teaching self-management to elementary students with developmental disabilities.* Washington, DC: American Association on Mental Retardation.

McDougall, D., & Brady, M. P. (1998). Initiating and fading self-management interventions to increase math fluency in general education classes. *Exceptional Children, 64*, 151-166.

Newman, B., Buffington, D. M., & Hemmes, N. S. (1996). Self-reinforcement used to increase the appropriate conversation of autistic teenagers. *Education and Training in Mental Retardation and Developmental Disabilities, 31*, 304-309.

Ninness, H. A. C., Ellis, J., Miller, W. B., Baker, D., & Rutherford, R. (1995). The effect of a self-management training package on the transfer of aggression control procedures in the absence of supervision. *Behavior Modification, 19*, 464-490.

Peterson, L. D., Young, K. R., West, R. P., & Peterson, M. H. (1999). Effects of student self-management on generalization of student performance to regular classrooms. *Education and Treatment of Children, 22*, 357-372.

Pierce, K. L., & Schreibman, L. (1994). Teaching daily living skills to children with autism in unsupervised settings through pictorial self-management. *Journal of Applied Behavior Analysis, 27*, 471-481.

Shapio, E. S., DuPaul, G. J., & Bradley-Klug, K. L. (1998). Self-management as a strategy to improve the classroom behavior of adolescents with ADHD. *Journal of Learning Disabilities, 31*, 545-555.

Wehmeyer, M. L., Palmer, S. B., Agran, M., Mithaug, D. E., & Martin, J. E. (2000). Promoting casual agency: The self-determined learning model of instruction. *Exceptional Children, 66*, 439-453.

Chapter 6 통합학급에서의 성공과 일반교육과정에 대한 접근

Copeland, S. R., Hughes, C., Agran, M., Wehmeyer, M. L., & Fowler, S. E. (2002). An intervention package to support high school students with mental retardation in general education classrooms. *American Journal on Mental Retardation, 107*, 32-45.

Gilberts, G. H., Agran, M., Hughes, C., & Wehmeyer, M. (2001). The effects of peer-delivered self-monitoring strategies on the participation of students with severe disabilities in general education classrooms. *Journal of The Association for Persons with severe Handicaps, 26*, 25-36.

Hughes, C., Rung, L. L., Wehmeyer, M. L., Agran, M., Copeland, S. R., & Hwang, B. (2000). Self-prompted communication book use to increase social interaction among high school students. *Journal of The Association for Persons with Severe Handicaps, 25*, 153-166.

Joyce, B., & Weil, M. (1980). *Models of teaching* (2nd ed.). Englewood Cliffs, NJ: Prentice Hall.

King-Sears, M. E. (2001). Three steps for gaining access to the general education curriculum for learners with disabilities. *Intervention in School and Clinic, 37*(2), 6-76.

Kleinert, H. L., Denham A., Groneck, V. B., Clayton, J., Burdge, M., Kearns, J. F., & Hall, M. (2001). Systematically teaching the components of self-determination. In H. L. Kleinert & J. F. Kearns (Eds.), *Alternate assessment: Measuring outcomes and supports for students with disabilities* (pp. 93-134). Baltimore: Paul H. Brookes Publishing Co.

Wehmeyer, M. L., Lance, G. D., & Bashinski, S. (2002). Promoting access to the general curriculum for students with mental retardation: A multi-level model. *Education and Training in Mental Retardation and Developmental Disabilities, 37*, 223-234.

Wehmeyer, M. L., Lattin, D., & Agran, M. (2001). Promoting access to the general curriculum for students with mental retardation: A decision-making model. *Education and Training in Mental Retardation and Developmental Disabilities, 36*, 329-344.

Wehmeyer, M. L., Palmer, S., Agran, M., Mithaug, D., & Martin, J. (2000). Promoting casual agency: The Self-determined learning model of instruction. *Exceptional Children*, *66*, 439-453.

Wehmeyer, M. L., Sands, D. J., Knowlton, E. H., & Kozleski, E. B. (2002). *Teaching students with mental retardation: Providing access to the general curriculum*. Baltimore: Paul H. Brookes Publishing Co.

Agran, M. (Ed.). (1997). *Student-directed learning: Teaching self-determination skills*. Pacific Grove, CA: Brooks/Cole.

Agran, M., & Alper, S. (2000). Curriculum and instruction in general education: Implications for service delivery and teacher preparation. *Journal of The Association for Persons with Severe Handicaps, 25*, 167-174.

Agran, M., Fodor-Davis, J., & Moore, S. (1986). The effect of self-instructional training on job-task sequencing: Suggesting a problem-solving strategy. *Education and Training in Mental Retardation, 21*, 273-281.

Agran, M., Fodor-Davis, J., & Moore, S., & Martella, R. (1992). The effect of peer-delivered self-instructional training on a lunch-making work task for students with severe disabilities. *Education and Training in Mental Retardation, 27*, 229-239.

Agran, M., & Hughes, C. (1997). Problem solving. In M. Agran (Ed.), *Student-directed learning: Teaching self-determination skills*. Pacific Grove, CA: Brooks-cole.

Agran, M., & Moore, S. C. (1994). *How to teach self-instruction of job skills*. Washington, DC: American Association on Mental Retardation.

Agran, M., & Salzberg, C. L., & Stowitschek, J. J. (1987). An analysis of the effects of a social skills training program using self-instructions on the acquisition and generalization of two social behaviors in a work setting. *Journal of the Association for Persons with Severe Handicaps, 12,* 131-139.

Agran, M., Snow, K., & Swaner, J. (1999). Teacher perceptions of self-determination: Benefits, characteristics, strategies. *Education and Training in Mental Retardation and Developmental Disabilities, 34,* 293-301.

Agran, M., & Wehmeyer, M. (1999). Teaching problem solving to students with mental retardation. *Innovations, 15.* Washington, DC: American Association on Mental Retardation.

Alberto, P. A., & Troutman, A. C. (1999). *Applied behavior analysis for teachers* (5th ed.). Upper Saddle River, NJ: Prentice Hall.

Bambara, L., & Cole, C. (1997). Permanent antecedent prompts. In M. Agran (Ed.), *Student directed learning: Teaching self-determination skills* (pp.111-143). Pacific Grove, CA: Brooks/Cole.

Chiron, R., & Gerken, K. (1983). The effects of a self-monitoring technique on the locus of control orientation of educable mentally retarded children. *School Psychology Review, 3,* 87-92.

Dalton, T., Martella, R. C., & Marchand-Martella, N. E. (1999). The effects of a self-management program in reducing off-task behavior. *Journal of Behavioral Education, 9,* 157-176.

Evans, J. G. (1999). Motivating reluctant learners. *Kappa Delta Pi Record, 35*(2), 55-56.

Ferretti, R. P., Cavalier, A. R., Murphy, M. J., & Murphy, R. (1993). The self-management of skills by persons with mental retardation. *Research in Developmental Disabilities, 14,* 184-205.

Frith, G. H., & Armstrong, S. W. (1986). Self-monitoring for behavior disordered students. *Teaching Exceptional Children, 18*(2), 144-148.

Gilberts, G. H., Agran, M., Hughes, C., & Wehmeyer, M. (2001). The effects of peer-delivered self-monitoring strategies on the participation of students with severe disabilities in general education clsddrooms. *Journal of the Association for*

Persons with Severe Handicaps, 26, 25-36.

Graham, S., & Harris, K. R. (1989). Improving learning disabled students' skills at composing essays: Self-instructional strategy training. *Exceptional Children, 56*, 213-214.

Grossi, T. A., & Heward, W. L. (1998). Using self-evaluation to improve the work productivity of trainees in a community-based training program. *Education and Training in Mental Retardation and Developmental Disabilities, 33*, 248-263.

Harchik, A. E., Sherman, J. A., & Sheldon, J. B. (1992). The use of self-management procedures by people with developmental disabilities: A brief overview. *Research in Developmental Disabilities, 13*, 211-227.

Hoff, K. E., & DuPaul, G. J. (1998). Reducing disruptive behavior in general education classrooms: The use of self-management strategies. *School Psychology Review, 27*, 290-303.

Hughes, C. (1991). Independent performance among individuals with mental retardation: Promoting generalization through self-instruction. In M. Hersen, R. M. Eisler, & P. M. Miller (Eds.), *Progress in behavior modification* (Vol. 27, pp. 7-35). Beverly Hills: Sage Publications.

Hughes, C. (1992). Teaching self-instruction utilizing multiple exemplars to produce generalized problom-solving by individuals with severe mental retardation. *American Journal on Mental Retardation, 97*, 302-314.

Hughes, C. (1997). Self-instruction. In M. Agran (Ed.), *Student-directed learning: Teaching self-determination skills* (PP. 144-170). Pacific Grove, CA: Brooks/Cole.

Hughes, C. (1998). Self-management and self-instruction: The benefits of student involvement in individualized education program implementation. In M. L. Wehmeyer & D. J. Sands (Eds.), *Making it happen: Student involvement in education planning, decision making, and instruction* (pp. 329-354). Baltimore: Paul H. Brookes Publishing Co.

Hughes, C., & Agran, M. (1993). Teaching Persons with severe disabilities to use self-instruction in community settings: An analysis of applications. *Journal of the*

Association For Persons with Severe Handicaps, 18, 261-274.

Hughes, C. A., & Boyle, J. R. (1991). Effects of self-monitoring for on-task behavior and task productivity on elementary students with moderate mental retardation. *Education and Treatment of Children, 14*, 96-111.

Hughes, C., & Carter, E. W. (2000). *The transition handbook: Strategies high school teachers use that work!* Baltimore: Paul H. Brookes Publishing Co.

Hughes, C., Harmer, M. L., Killian, D. J., & Niarhos, F. (1995). The effects of multiple-exemplar self-instructional training on high school students' generalized conversational interactions. *Journal of Applied Behavior Analysis, 28*, 201-218

Hughes, C., Rung, L., Wehmeyer, M. L., Agran, M., Copeland, S. R., & Hwang, B. (2000). Self-prompted communication book use to increase social interaction among high school students. *Education and Training in Mental Retardation and Developmental Disabilities, 25*, 153-166.

Hughes, C., & Rusch, F. R. (1989). Teaching supported employees with mental retardation to solve problems. *Journal of Applied Behavior Analysis, 22*, 365-372.

Hughes, C. A., Korinek, L., & Gorman, J. (1991). Self-management for students with mental retardation in public school settings: A research review. *Education and Training in Mental Retardation, 26*, 271-291.

Individuals with Disabilities Education Act (IDEA) Amendments of 1997, PL 105-17, 20 U.S.C. §§ 1400 *et seq.*

Irvine, A. B., Erickson, A. M., Singer, G. H. S., & Stahlberg, D. (1992). A coordinated program to transfer self-management skill from school to home. *Education and Training in Mental Retardation, 27*, 241-254.

Kaoadia, S., & Fantuzzo, J. W. (1988). Training children with developmental disabilities and severe behavior problems to use self-management procedures to sustain attention to preacademic/academic tasks. *Education and Training in Mental Retardation, 23*, 59-69.

Kern, L., Dunlap, G., Childs, K. E., & Clarke, S. (1994). Use of a classwide self-management program to improve the behavior of students with emotional and behavior disorders. *Education and Treatment of Children, 17*, 445-458.

King-Sears, M. E. (1999). Teacher and researcher co-design self-management content for an inclusive setting: Research training, intervention, and generalization effects on student performance. *Education and Training in Mental Retardation and Developmental Disabilities*, *34*, 134-156.

King-Sears, M. E., & Bonfils, K. (1999). Self-management instruction for middle school students with LD and ED. *Intervention in school and Clinic*, *35*, 96-107.

King-Sears, M. E., & Carpenter, S. L. (1997). *Teaching self-management to elementary students with development disabilities.* Washington, DC: American Association on Mental Retardation.

Koegel, L. K., Koegel, R. L., Harrower, J. K., & Carter, C. M. (1999). Pivotal response intervention, I: Overview of approach. *The Journal oh The Association for Persons with Severe Handicaps*, *24*, 174-185.

Koegel, L. K., Koegel, R. L., Hurley, C., & Frea, W. E. (1992). Improving social skills and disruptive behavior in children with autism through self-management. *Journal of Applied Behavior Analysis*, *25*, 341-353.

Koegel, R. L., & Koegel, L. K. (1990). Extended reductions in stereotypic behavior of students with autism through a self-management treatment package. *Journal of Applied Behavior Analysis*, *23*, 119-137.

Kohn, A. (1993). Choices for children: Why and how to let students decide. *Phi Delta Kappan*, *75*(1), 8-20.

Lagomarcino, T. R., & Rusch, F. R. (1989). Utilizing self-management procedures to teach independent performance. *Education and training in Mental Retardation*, *24*, 297-305.

Lovett, D. L., & Haring, K. A. (1989). The effects of self-management training on the daily living of adults with mental retardation. *Education and training in Mental Retardation*, *24*, 306-307.

MacDuff, G. S., Krantz, P., & McClannahan, L. E. (1993). Teaching children with autism to use photographic activity schedules: Maintenance and generalization of complex response chains. *Journal of Applied Behavior Analysis*, *26*, 89-97.

Mace, F. C., Shapiro, E. S., West, B. J., Campbell, C., &Altman, J. (1986). The role of reinforcement in reactive self-monitoring. *Applied Research in Mental Retardation, 7*, 315-327.

McCarl, J. J., Svobodyny, L., & Beare, P. L. (1991). Self-recording in a classroom for students with mild to moderate mental handicaps: Effects on productivity and on-task behavior. *Education and Training in Mental Retardation, 26*, 79-88.

McDougall, D., & Brady, M. P. (1998). Initiating and fading self-management interventions to increase math fluency in general education classes. *Exceptional Children, 64*, 151-166.

McDougall, D., & Brady, M. P. (2001). Using audio-cued self-monitoring for students with severe behavior disorders. *The Journal of Educational Research, 88*. 309-317.

Mechling, L. C., & Gast, D. L. (1997). Combination audio/visual self-prompting system for teaching chained tasks to students with intellectual disabilities. *Education and Training in Mental Retardation and Developmental Disabilities, 32*, 138-153.

Meichenbaum, D., & Goodman, J. (1971). Training impulsive children to talk to themselves: A means of developing self-control. *Journal of Abnormal Psychology, 77*, 115-126.

Mithaug, D. E., Martin, J. E., Agran, M., & Rusch, F. R. (1988). *Why special education graduates fail.* Colorado Springs, CO: Ascent Publications.

Mithaug, D. E., Mithaug, D. K., Agran, M., Martin, J. E., & Wehmeyer, M. L. (2003). *Self-determined learning theory: Predictions, Prescriptions, and practice.* Mahwah, NJ: Lawrence Erlbaum Associates.

Moore, S. C., Agran, M., & Fodor-Davis, J. (1989). Using self-management strategies to increase the production rates of workers with severe handicaps. *Education and Training in Mental Retardation, 24*, 324-332.

Moxley, R. A. (1998). Treatment-only designs and student self-recording as strategies for public school teachers. *Education and Training of Children, 21*, 37-61.

Newman, B., Buffington, D. M., Hemmes, N. S. (1996). Self-reinforcement used to increase the appropriate conversation of autistic teenagers. *Education and*

Training in Mental Retardation and Developmental Disabilities, *31*, 304-309.

Ninness, H. A. C., Ellis, J., Miller, W. B., Baker, D., & Rutherford, R. (1995). The effect of a self-management training package on the transfer of aggression control procedures in the absence of supervision. *Behavior Modification*, *19*, 464-490.

Peterson, L. D., Young, K. R., West, R. P., & Peterson, M. H. (1999). Effects of student self-management on generalization of student performance to regular classroom. *Education and Treatment of Children*, *22*, 357-372.

Pirce, K. L., & Schreibman, L. (1994). Teaching daily living skills to children with autism in unsupervised settings through pictorial self-management. *Journal of Applied Behavior Analysis*, *27*, 471-481.

Post, M., & Storey, K. (2002). A review of using auditory prompting systems with persons who have moderate to severe disabilities. *Education and Training in Mental Retardation and Developmental Disabilities*, *37*, 317-327.

Reinecke, D. R., Newman, B., & Meinberg, D. L. (1999). Self-management of sharing in three pre-schoolers with autism. *Education and Training in Mental Retardation and Developmental Disabilities*, *34*, 312-317.

Schunk, D. H. (1981). Modeling and attributional effects on children' s achievement: A self-efficacy analysis. *Journal of Educational Psychology*, *73*, 93-105.

Shaoiro, E. S., DuPaul, G. J., & Bradley-Klug, K. L. (1998). Self-management as a strategy to improve the classroom behavior of adolescents with ADHD. *Journal of Learning Disabilities*, *31*, 545-555.

Sowers, J., Verdi, M, Bourbeau, P., & Sheehan, M. (1985). Teaching job independence and flexibility to mentally retarded students through the use of a self-control package. *Journal of Applied Behavior Analysis*, *18*, 81-85.

Stahmer, A. C., & Schreibman, L. (1992). Teaching children with autism appropriate play in unsupervised environments using a self-management package. *Journal of Applied Behavior Analysis*, *25*, 447-459.

Sugai, G., & Rowe, P. (1984). The effect of self-recording on out-of-seat behavior of an educable mentally retarded student. *Education and Treatment of the*

Mentally Retarded, 19, 23-28.

Trask-Tyler, S. A., Grossi, T. A., & Heward, W. L. (1994). Teaching young adults with developmental disabilities and visual impairments to use tape-recorded recipes: Acquisition, generalization, and maintenance of cooking skills. *Journal of Behavior Education, 4*, 283-311.

Vygotsky, L. S. (1978). *Mind in society: The Development of higher psychological processes* (M. Cole, V. John-Steiner, S. Scribner, & Souberman, Eds. and Train.) Cambridge, MA: Harvard University press.

Wacker, D. P., & Berg, W. K. (1993). Effects of picture prompts on the acquisition of complex vocational tasks by mentally retarded adolescents. *Journal of Applied Behavior Analysis, 16*, 417-443.

Wehmeyer, M. L., Agran, M, & Hughes, C. A. (2000). A national survey of teachers' promotion of self-determination and student-directed learning. *The Journal of Special Education 34*, 58-68.

Wehmeyer, M. L., Lance, G. D., & Bashinski, S. (2002). Promoting access to the general curriculum for students with mental retardation: A multi-level model. Education and *Training in Mental Retardation and Developmental Disabilities, 37*, 223-234.

Wehmeyer, M. L., Lattin, D., & Agran, M. (2001). Achieving access to the general education curriculum for students with mental retardation. *Education and Training in Mental Retardation and Developmental Disabilities, 36*, 327-342.

Wehmeyer, M. L., & Palmer, S. B. (2002). *Adult outcomes for students with cognitive disabilities three years after high school: The impact of self-determination.* Manuscript, submitted for publication.

Wehmeyer, M. L., Palmer, S. B., Agran M, Mithaug, D. E., & Martin, J. E. (2000). Promoting casual agency: The self-determined leaning model of instruction. *Exceptional Children, 66*, 430-453.

Wehmeyer, M. L., & Sands, D. J. (1998). *Making it happen: Student involvement in education planning, decision making, and instruction.* Baltimore: Paul H.

Brookes Publishing Co.

Wehmeyer, M. L., Sands, D. J., Knowlton, H. E., & Kozleski, E. B. (2002). *Teaching students with mental retardation: Providing access to the general curriculum*. Baltimore: Paul H. Brookes Publishing Co.

Wehmeyer, M. L., & Schwartz, M. (1997). Self-determination and positive adult outcomes: A follow-up study of youth with mental retardation or learning disabilities. *Exceptional Children*, *63*, 245-255.

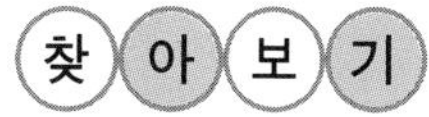

Martin Agran

현재 노던아이오와 대학교(University of Northern Iowa) 특수교육학과 교수로 재직 중이며, 유타 주립대학교(Utah State University) 특수교육학과 교수를 역임했다. 경도 및 중도장애 고등학생을 가르쳤고, 체코슬로바키아에서 Fulbright 장학금을 받았으며, 러시아의 헤르첸 대학교(Herzen University)와 상트페테르부르크 대학교(St. Petersburg University)에서 상담사와 방문교수로 일하였다. 관심 연구 분야는 중증장애 학생의 교육, 자기결정, 전환 그리고 교수요구가 큰 학생의 교사교육으로, 연방정부의 연구비를 받아 이 분야의 연구를 여러 번 수행하였다. *Research and Practice in Persons with Severe Disabilities*(이전의 *JASH*)의 편집 부위원장이자 몇 개의 전문학술지의 편집위원이며, Michael L. Wehmeyer와 함께 미국정신지체협회의 연구 및 실제 학술지인 *Innovations*의 공동 편집위원장이다. 전문 학술지에 많은 논문을 발표하였고, Michael L. Wehmeyer, Carolyn Hughes와 함께 『장애학생을 위한 자기결정 교수: 성공적인 전이를 위한 기본적인 기술(*Teaching Self-Determination to Students with Disabilities: Basic Skills for Successful Transition*)』(Paul H. Brookes Publishing, 1998), Michael L. Wehmeyer와 함께 『정신지체학생을 위한 문제해결하기 교수(*Teaching Problem Solving to Students with Mental Retardation*)』(Amerian Association on Mental Retardation, 1999) 및 『학생주도학습: 자기결정기술 교수(*Student-Directed Learning: Teaching Self-Determination Skills*)』(Brooks/Cole, 1997)를 공동 집필하였다.

Margaret E. King-Sears

현재 존스홉킨스 대학교(Johns Hopkins University) 특수교육학과 교수로서 경도 및 중도장애 프로그램과 통합교육 프로그램을 관리한다. 미국 플로리다, 독일 그리고 일본의 초등 및 중등학교에서 경도 및 중도장애 학생을 가르쳤다. 관심 연구 분야는 자기관리, 통합교육 그리고 교육과정중심평가다. 『특수교육 교육과정기반 평가(*Curriculum-Based Assessment in Special Education*)』(Singular Publishing, 1994)를 집필하였으며, Stephanie Carpenter와 함께 『발달장애 초등학생을 위한 자기관리 교수(*Teaching Self-Management to Elementary Students with Developmental Disabilities*)』(American Association on Mental Retardation, 1997), Dianne Bradley, Diane Tessier-

Switlick과 함께 『통합환경에서 학생 교수(*Teaching Students in Inclusive Settings*)』(Allyn & Bacon, 1997)를 공동 집필하였다.

Michael L. Wehmeyer

현재 캔자스 대학교(Kansas University)의 부교수이자 Kansas University Center on Developmental Disabilities의 기관장이며, 캔자스 대학교에 있는 Beach Center on Disability의 공동 기관장이다. 중도중복장애 학생을 위한 교사양성 프로그램에 종사하였고, 정부로부터 연구비를 지원받아 인지 및 발달장애 아동, 청소년 그리고 성인의 자기결정을 향상시키기 위한 방법과 자료에 대하여 연구하고 개발하였다. 자기결정, 학생참여, 전환 그리고 공학에 대한 100편 이상의 논문 및 책의 개별 장을 집필했으며, 자기결정, 학생참여, 성 평등, 정신지체를 포함하는 주제에 대한 책 10권을 집필, 공동 집필 또는 공동 편집하였다. 최근에는 『이중의 위험: 특수교육에서 양성평등 다루기(*Double Jeopardy: Addressing Gender Equity in Special Education*)』(State University of New York Press, 2001)와 『21세기 정신지체(*Mental Retardation in 21st Century*)』(PRO-ED, 2000)를 집필하였으며, Deanna J. Sands, Earle Knowlton과 Elizabeth Kozleski와 함께 『정신지체학생 교수: 일반교육과정에의 접근을 촉진(*Teaching Students with Mental Retardation: Promoting Access to the General Curriculum*)』(Paul H. Brookes Publishing Co., 2002), Martin Agran과 Carolyn Hughes와 함께 『장애학생을 위한 자기결정 교수: 성공적인 전이를 위한 기본적인 기술(*Teaching Self-Determination to Students with Disabilities: Basic Skills for Successful Transition*)』(Paul H. Brookes Publishing Co., 1998)을 공동 집필하였다. 학회에서 발표를 자주 하고 많은 편집위원회 위원으로 봉사하고 있으며, 미국정신지체협회의 연구 결과를 현장에서 사용할 수 있도록 하는 데 초점을 두고 있는 학회지인 *Innovations*의 공동 편집위원장이다. 1999년에는 장애아동협회의 연구분과로부터 신진연구상을 최초로 수여받았다. 털사 대학교(University of Tulsa) 특수교육학과에서 학사 및 석사 학위를 받았고, 영국 브라이턴에 있는 서섹스 대학교(University of Sussex)에서 실험심리학 석사학위를 받았으며, 재학 중에 국제로타리협회의 장학금을 받기도 하였다. 또한 텍사스 대학교(University of Texas at Dallas)에서 인간발달과 의사소통장애 전공으로 박사학위를 받았다.

Susan R. Copeland

현재 뉴멕시코 대학교(University of New Mexico) 특수교육학과 부교수로서 특수교사 복수전공 자격증 프로그램과 대학원 프로그램에서 강의를 하고 있다. 특수교육교사로서 아동과 성인을 위한 지역사회 프로그램 책임자로 일하였으며, 이후 밴더빌트 대학교(Vanderbilt University)에서 박사학위를 받았다. 관심 연구 분야는 통합환경에 있는 장애학생을 위한 교수 및 사회적 지원의 개발과 중증장애인의 옹호 및 권한이양(empowerment)이다.

최혜승

텍사스 대학교(University of Texas at Austin) 교육학석사 및 철학박사(특수교육 전공)

Austin Travis County Mental Health and Mental Retardation(Autism Center)
  Community Liaison/Behavior Trainer

텍사스 대학교 조교, 연구원, 보조공학 실험실 매니저

공주대학교 특수교육연구소 연구교수

현) 전남대학교 특수교육학부 부교수

〈저 · 역서〉

장애 중등학생을 위한 전환계획(제3판, 역, 박학사, 2010)

정신지체: 지역사회 통합을 위한 접근(역, 박학사, 2009)

특수교육학 용어사전(공저, 도서출판 하우, 2009)

특수아동의 이해(공저, 전남대학교출판부, 2009)

〈공동 연구〉

기본교육과정 수학교과서(대한교과서, 2009)

수학 교사용 지도서(대한교과서, 2009)

통합교육 실제에 대한 교사 지도서

통합교육을 위한
학생주도학습
Student-Directed Learning

2013년 5월 15일 1판 1쇄 인쇄
2013년 5월 20일 1판 1쇄 발행

지은이 • Martin Agran · Margaret E. King-Sears
Michael L. Wehmeyer · Susan R. Copeland
옮긴이 • 최혜승
펴낸이 • 김진환
펴낸곳 • (주) 학지사
121-837 서울특별시 마포구 서교동 352-29 마인드월드빌딩 5층
대표전화 • 02)330-5114 팩스 • 02)324-2345
등록번호 • 제313-2006-000265호

홈페이지 • http://www.hakjisa.co.kr
커뮤니티 • http://cafe.naver.com/hakjisa

ISBN 978-89-997-0152-8 94370
978-89-997-0151-1(set)

정가 14,000원

이 도서의 국립중앙도서관 출판시도서목록(CIP)은 서지정보유통지원시스템 홈페이지(http://seoji.nl.go.kr)와 국가자료공동목록시스템(http://www.nl.go.kr/kolisnet)에서 이용하실 수 있습니다.
(CIP제어번호: CIP2013005460)